J C J VAN DER HEYDEN

Museum Boymans-van Beuningen
Rotterdam

1990

VOORAF

We ontmoetten elkaar ruim veertig jaar geleden, direct na onze academietijd, in een door anderen geënsceneerde omstandigheid, waar cultuur niet voor de hand lag. Integendeel. Gesprekken, waaruit een gemeenschappelijke interesse naar boven kwam, waren toen vooral van belang voor het bepalen van een houding tegenover een overdaad aan materialisme.
Je zou zulke herinneringen misschien moeten wantrouwen, omdat ze altijd gekleurd worden door indrukken van latere datum.
In mijn ogen sloot de Van der Heyden, die ik in z'n werk in de zestiger jaren opnieuw ontmoette, precies aan op die herinneringen. Gespreksflarden, die over van alles tegelijk gingen. Met samenvattende werken als 'Collection' uit 1965 en 'Exhibition' uit 1966, werd het beeld scherper gesteld; toen zag ik voor het eerst de kunstenaar, die met een draaiende radarreflector rondliep, waarmee hij alle indrukken van de wereld om hem heen opving. Alles tegelijk en tegelijkertijd elk detail.

Het zich afwenden van het schilderen en het werken met andere middelen was een min of meer logische consequentie; radarbeelden staan op gespannen voet met het schilderij.
De neerslag van beelden is bij J.C.J. van der Heyden het resultaat van een procesgang: observeren, herkennen, verwerken. Zijn verklarend schetsje van oog, fototoestel, televisieapparaat duidt hierop.
Zo ontstaat een oeuvre, dat ondanks z'n grote aandacht voor de factor tijd, gekenmerkt wordt door een zekere tijdloosheid. Alleen de foto's van hemzelf, die soms opduiken, verraden de tijd.

Wij meenden dat het moment was gekomen om, na de tentoonstellingen in het Haags Gemeentemuseum in 1977 en het Van Abbemuseum in 1983, een nieuwe tijdopname te maken.
Dat we dit konden realiseren is in de eerste plaats te danken aan de kunstenaar zelf; met grote inzet heeft hij aan tentoonstelling en catalogus gewerkt, daarin bijgestaan door Talitha Schoon en Karel Schampers van de afdeling moderne kunst. Graag wil ik de auteurs, Sjarel Ex, Rudi Fuchs, Kees van Gelder, Hans Locher, Geert Thijs, Dirk van Weelden en Louwrien Wijers danken, die met hun bijdragen reageerden op het werk van Van der Heyden. Dank ook aan Aloys van de Berk voor zijn minutieuse samenstelling van biografie en bibliografie.
Verder dank ik vooral ook de bruikleengevers, die hun werken aan onze zorg toevertrouwden.

Gedurende de voorbereidingen aan deze tentoonstelling werd bekend, dat J.C.J. van der Heyden de Röellprijs voor 1990 is verleend voor zijn gehele oeuvre; wij feliciteren de kunstenaar hiermee van harte.

Wim Crouwel
Directeur

FOREWORD

We met a good forty years ago, fresh from art school, in some contrived situation or other without an obvious cultural slant. On the contrary. Discussions from which a common interest emerged were chiefly concerned in those days with defining an attitude towards excessive materialism.
Perhaps it is better not to rely on memories, because they are always coloured by impressions of a later date.
In my eyes Van der Heyden, whom I re-encountered in his work of the sixties, matched my memories of him perfectly. Fragments of conversation about everything at once. Comprehensive works like 'Collection' (1965) and 'Exhibition' (1966) brought the image into sharper focus; that was my first sight of the artist, walking around with a revolving radar reflector with which he picked up all the impressions of the world around him. Everything at once, and every detail too.

To turn away from painting and adopt other means was a more or less logical consequence; radar images and the painting are uncongenial bedfellows.
In J.C.J. van der Heyden's work the registration of images is the result of a process: observing, recognizing, processing, as documented by his explanatory little sketch of an eye, a camera, a television set.
The resulting oeuvre, despite its preoccupation with the time-factor, is characterized by a kind of timelessness. Only the occasional photographs of himself record time.

We thought it was time, after the exhibitions in the Haags Gemeentemuseum in 1977 and the Van Abbemuseum in 1983, to take another look at Van der Heyden.
We are chiefly indebted to the artist himself for helping us to realize this project; he gave his unstinting support to the exhibition and catalogue, seconded by Talitha Schoon and Karel Schampers of the modern art department. I wish to thank, Sjarel Ex, Rudi Fuchs, Kees van Gelder, Hans Locher, Geert Thijs, Dirk van Weelden and Louwrien Wijers for their reactions to Van der Heyden's work. My thanks too to Aloys van de Berk for his painstaking compilation of the biography and bibliography.
I am also grateful to those who loaned work for entrusting us with their possessions.

In the midst of the preparations for this exhibition came the news that J.C.J. van der Heyden had been awarded the 1990 Roëll Prize for his entire oeuvre. Our hearty congratulations.

Wim Crouwel
Director

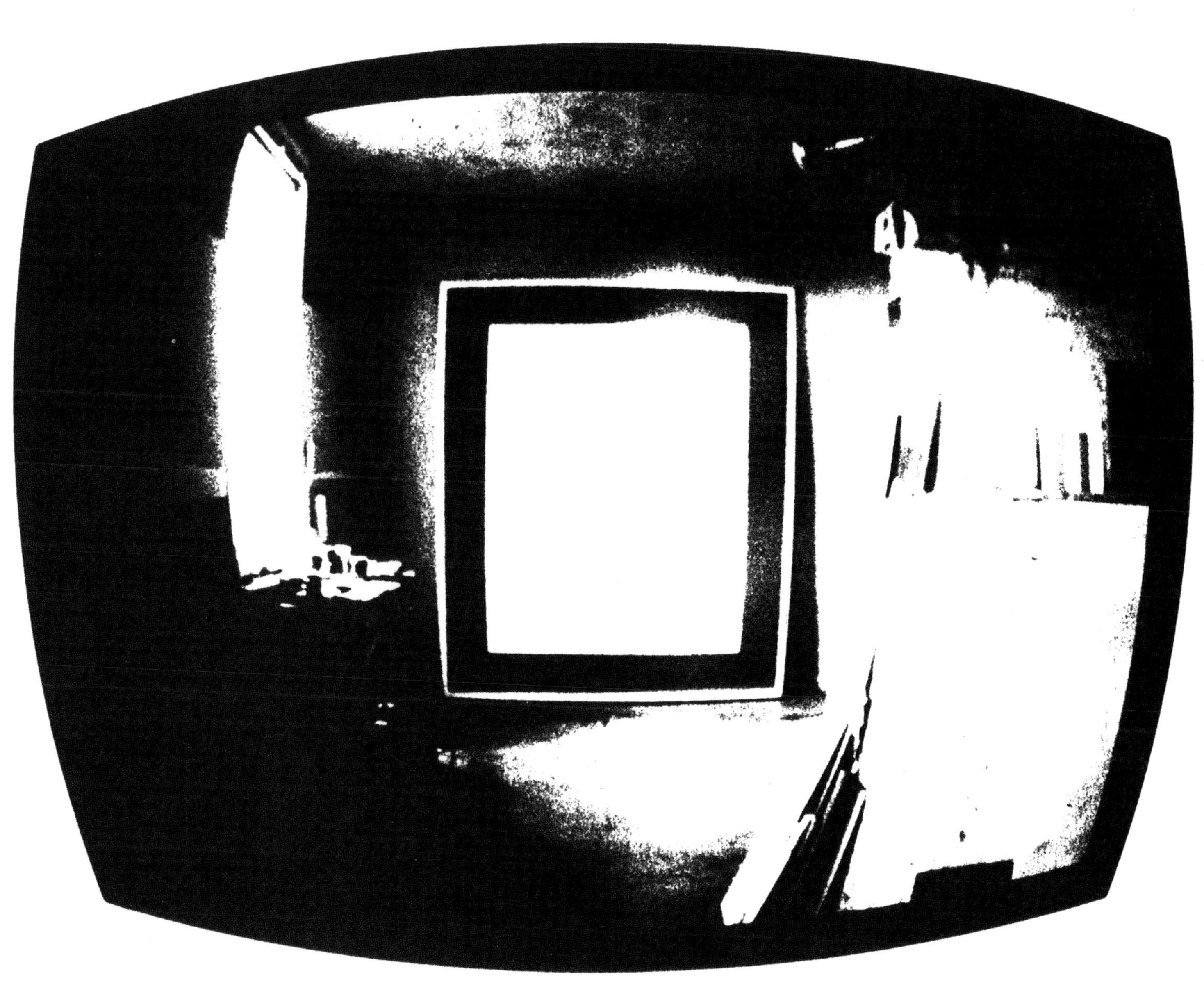

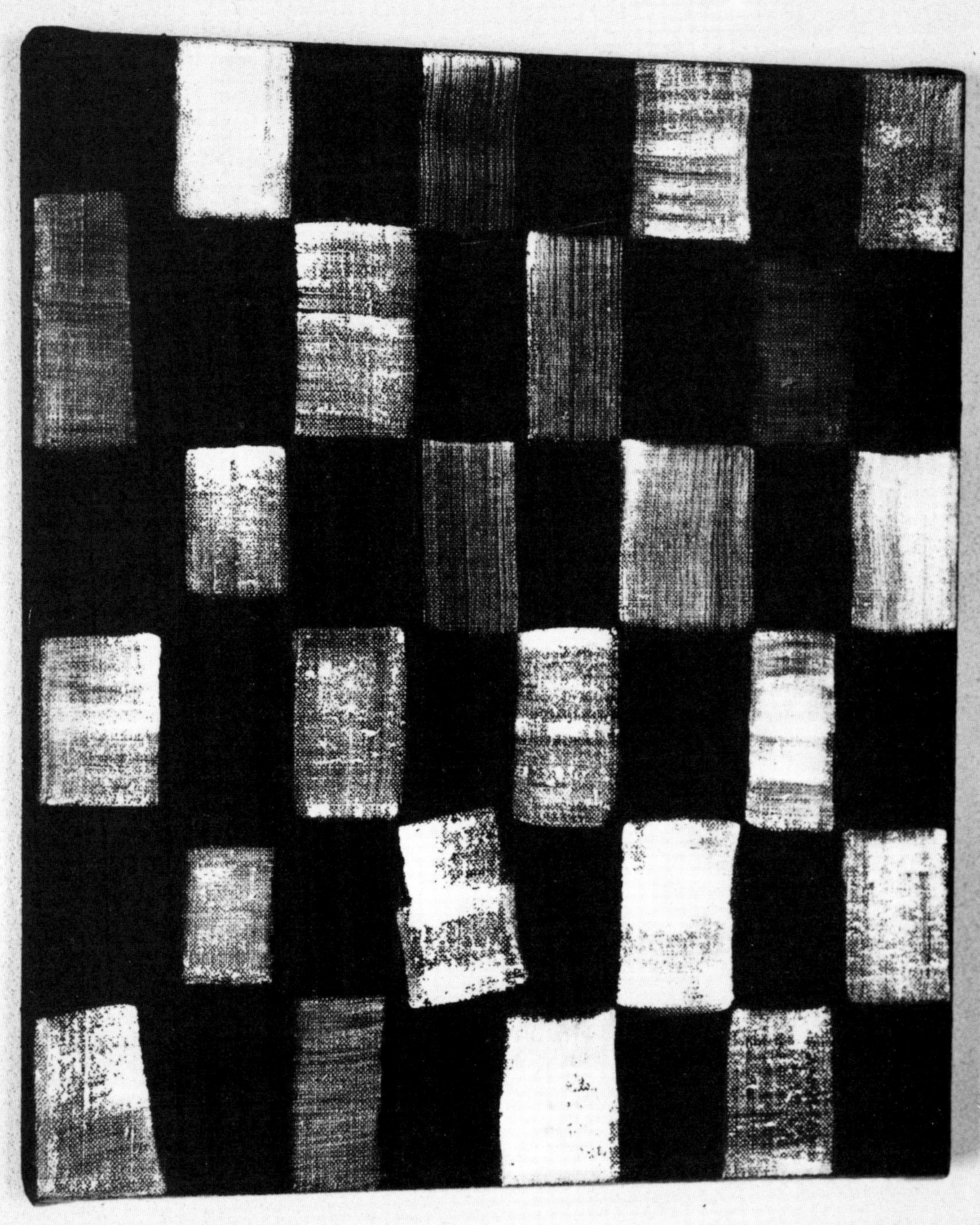

SCHAKERING
CHECKERBOARD

DELING
PARTITION

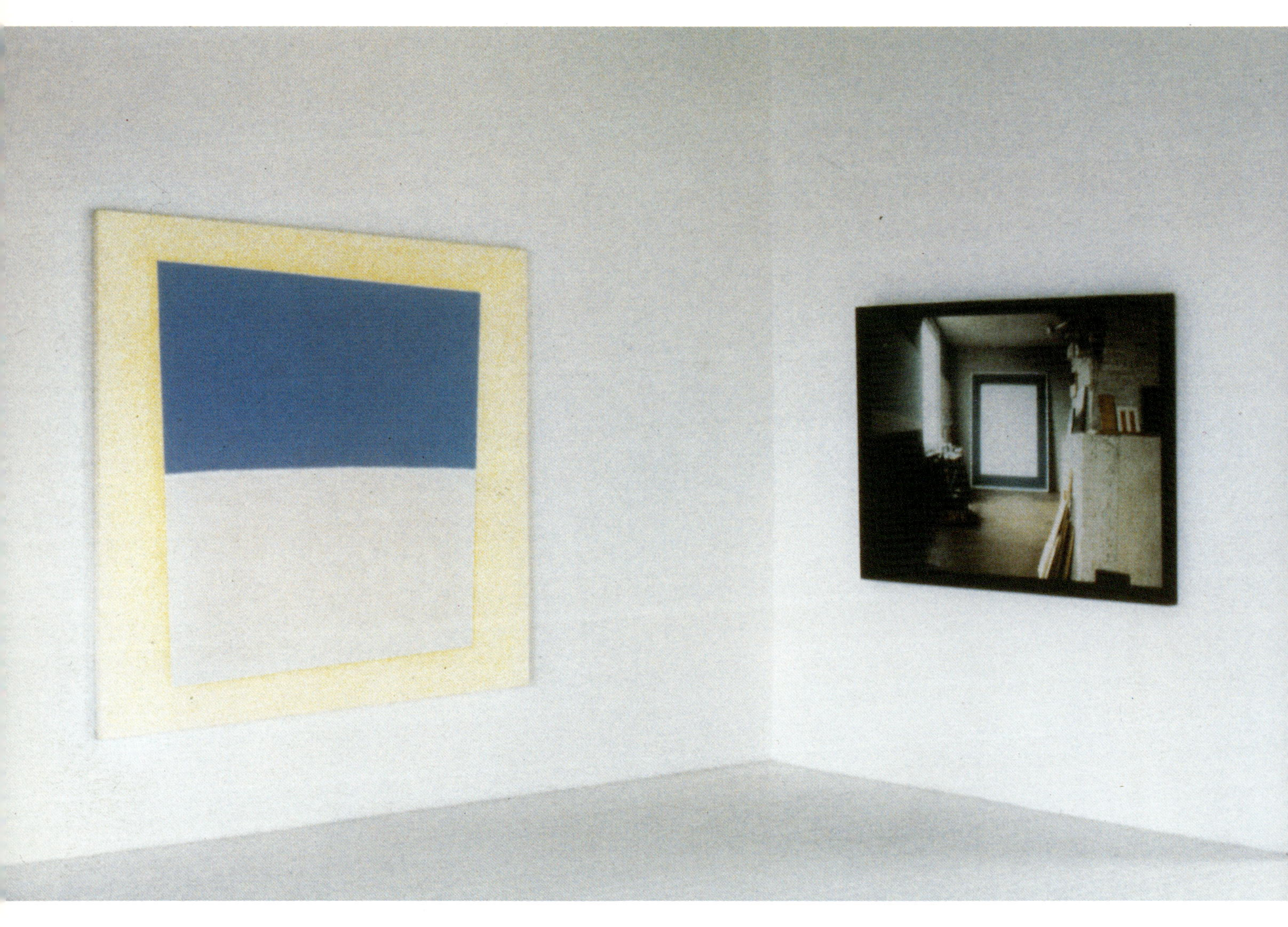

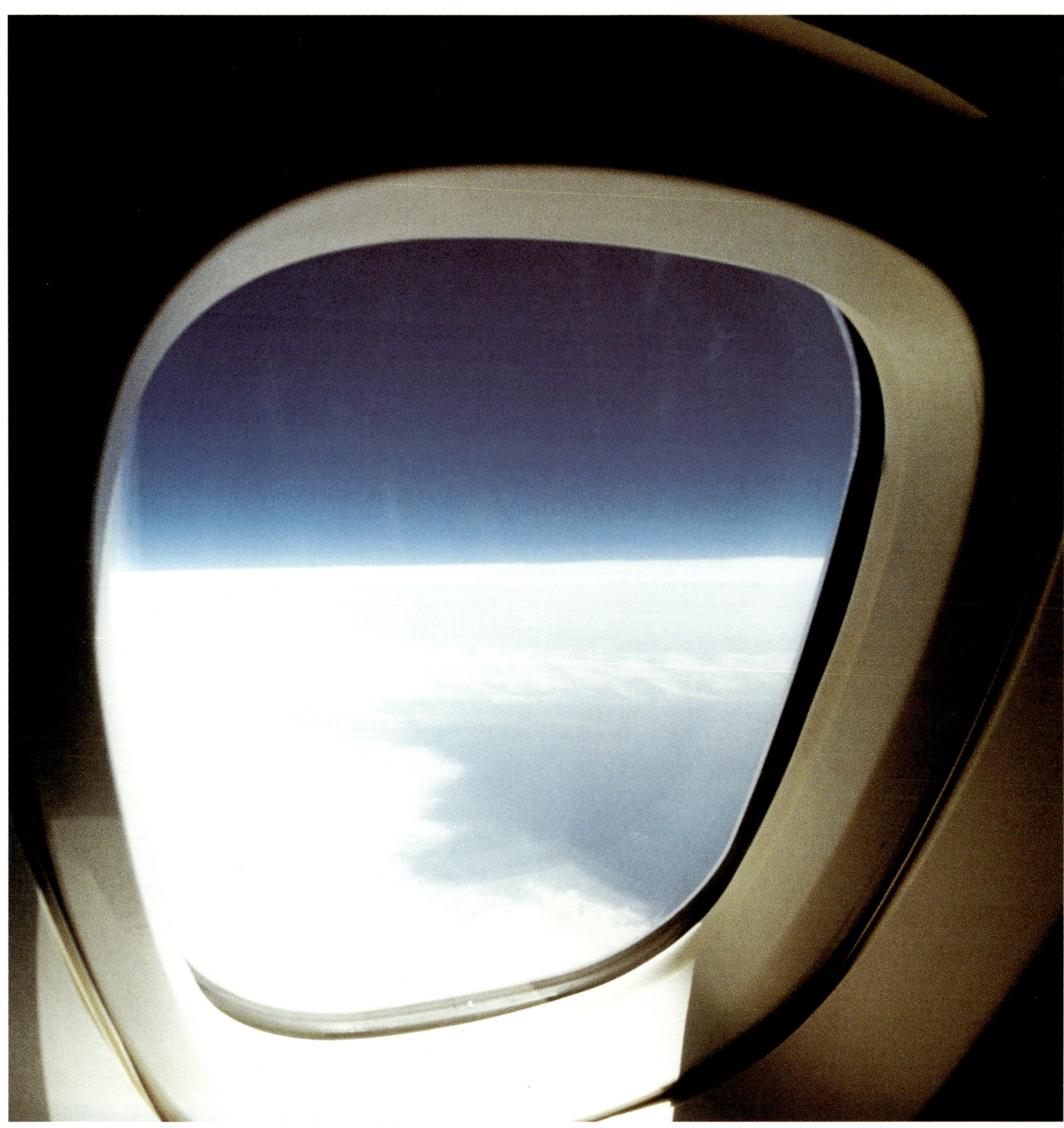

J.C.J. van der Heyden en de verwondering

J.C.J. van der Heyden neemt als kunstenaar een zeer beschouwelijke houding aan tegenover de visuele werkelijkheid. Zijn grootste preoccupatie geldt het 'kijken', het observeren en registreren van direct waarneembare verschijnselen van licht en ruimte.

Ogenschijnlijk voorbijgaand aan de complexiteit van de ons omringende werkelijkheid, brengt hij in de schilderijen zijn waarnemingen en visuele ervaringen tot hun essentie terug, uitgedrukt in eenvoudige horizontale delingen in hoofdzakelijk blauw en wit. Van deze scherp tegenover elkaar gestelde kleurvlakken is het wit opgebouwd uit voorzichtige, subtiele verftoetsen, terwijl het blauw volledig verzadigd is doordat het laag over laag is opgebracht.

Op het eerste gezicht suggereren de kleurvlakken het heldere contrast van een wit wolkendek tegen de achtergrond van een stralend blauwe hemel, met als scheidslijn een kantelende of gebogen horizon. Anderzijds is het beeld echter zo vereenvoudigd en bevat het zo weinig directe verwijzingen, dat het realisme ervan sterk afneemt en er een uitgesproken illusionistisch effect optreedt. De kleurvlakken functioneren dan als verbeelding van een oneindige ruimte en diepte, waarin iedere gewaarwording van iets stoffelijks is verdwenen. Er is niets waar de blik zich op kan fixeren. De schilderijen bewerkstelligen een wonderlijke sensatie van oneindigheid en tijdloosheid.

In het werk van J.C.J. van der Heyden schuiven abstracte vormgedachte en het beeld van de realiteit als het ware over elkaar heen. Ze gaan in elkaar op. Er ontstaat een merkwaardig evenwicht, waarbij het onderscheid tussen illusie en werkelijkheid nog slechts betrekkelijk is.

J.C.J. van der Heyden laat je op een onbegrijpelijke manier de realiteit zien, totaal anders dan je gewend bent. Er ontstaat een geheel nieuw beeld.

Hoewel hij zich in zijn werk op een paar, steeds terugkerende thema's concentreert, is er toch die voortdurende fascinatie en verwondering over hoe dingen kunnen veranderen, en telkens een andere waarde en betekenis kunnen krijgen. Hij slaagt erin om met minimale middelen een buitengewone verfijning en sensibiliteit te bereiken, en tegelijkertijd een enorme intrigue en intensiteit op te roepen.

Karel Schampers

J.C.J. van der Heyden and amazement

The artist J.C.J. van der Heyden has a very contemplative view of visual reality. His chief preoccupation is 'looking' - observing and registering directly perceptible phenomena of light and space.

Seemingly without regard to the complexity of the reality around us, he reduces his observations and visual experiences to their essence in his paintings, rendered in simple horizontal divisions of the canvas, mostly into blue and white. There is a sharp contrast between these planes of colour. The white is built up of subtle touches of paint, and the blue, applied layer over layer, is completely saturated.

At a first glance the planes of colour suggest the bright contrast of a bank of white clouds against a brilliant blue sky, separated by a tilting or curved horizon. However, the stark simplification of the image and the sparseness of direct references diminish the realistic effect and create an undeniably illusionistic effect. The planes of colour suggest infinite space and depth from which all perception of substance has vanished.

There is nothing for the eye to fix on. The paintings bring about a strange sensation of infinity and timelessness.

In J.C.J. van der Heyden's work, the abstract form-idea and the image of reality overlap, as it were. They merge. In the resulting curious balance, the difference between illusion and reality is merely relative.

J.C.J. van der Heyden's presentation of reality is hard to understand; it is quite different from what one is accustomed to. The image is totally new.

Although he concentrates on a few recurring themes, there is always that fascination and amazement at how things change and acquire different values and meanings. Using minimal means, he achieves an extraordinary refinement and sensibility, at the same time evoking a powerful sense of intrigue and intensity.

Karel Schampers

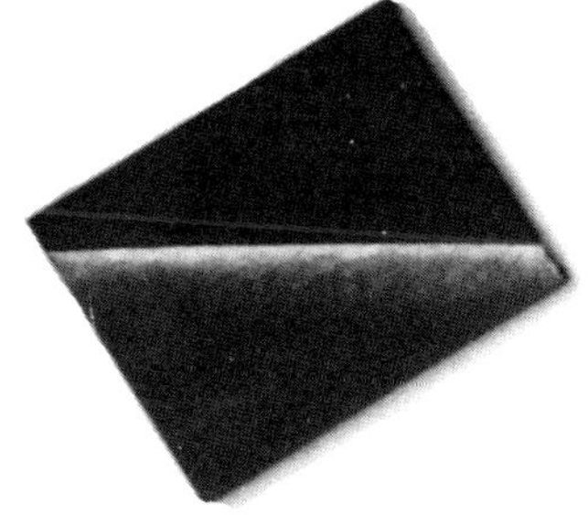

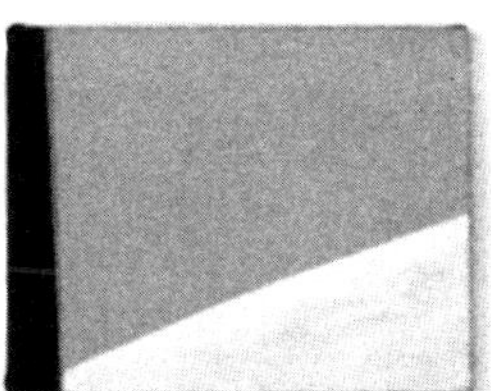

J.C.J. VAN DER HEYDEN (by Sjarel Ex)

Like an outsider, J.C.J. van der Heyden photographs and observes
his paintings where they were made, in the studio. On the flat
surface of the photograph, studio and painting merge. With his
camera he exploits the intense interaction of image and space to
create new 'paintings'.
The photo at the basis of <u>playback of painted polaroid</u> was taken
in 1977. Van der Heyden photographed it again, and in 1987 took
another picture of the reproduction of that work, in the
exhibition catalogue of the Van Abbe Museum (1983). [The 1987
work in the collection of the Netherlands Office for Fine Arts
85959.] In one of the intervening stages the paintings were
touched up, particularly noticeable in the little yellow work. A
fascinating change of atmosphere takes place in the succeeding
reproductions. The faint light of 1977 had become a patch of
white on the wall by 1985. The shadows are now practically black.
Reproduction has produced a blue haze which moves slowly towards
the paintings. With each new reproduction the work grows
outwardly. The golden-yellow band (a reference to the Yellow
Frame in the Kröller-Müller collection) still had the function of
a frame in 1983. Each reproduction refers to the form of a
polaroid and heralds the next phase, as indicated by the
subtitle, <u>fifth generation</u>.
<u>Playback of painted polaroid</u> forms a continuous structure which
can be continued ad infinitum. With each new action J.C.J. van
der Heyden makes a picture of a picture. Secondary items
gradually disappear. What remains is the representation of the
studio for the imagination to dwell in. While the paintings, in
an intuitively chosen direction, gradually recede in space and time.

J.C.J. VAN DER HEYDEN   (door Sjarel Ex)

Als buitenstaander fotografeert en observeert J.C.J. van der
Heyden zijn schilderijen op de plek waar ze zijn ontstaan, het
atelier. Op het platte vlak van de foto worden atelier en
schilderijen een. Met de camera maakt hij, van de intense
wisselwerking tussen beeld en ruimte, steeds een nieuw
'schilderij'.
De foto aan de basis van <u>playback of painted polaroid</u> is van
1977. Daarvan nam Van der Heyden een nieuwe foto en van de
reproductie van dat werk, in de tentoonstellingscatalogus van
Museum van Abbe (1983), is weer een opname gemaakt (1987)
(collectie Rijksdienst K 85959). In een van de tussenstadia zijn
de schilderijen bijgeschilderd, zoals vooral aan het gele werkje
nog is te zien. Een fascinerende sfeerverandering voltrekt zich
in de opeenvolgende reproducties. De zwakke lichtval van 1977 is
anno 1985 een witte vlek op de muur geworden. De schaduwen zijn
nu vrijwel zwart. Door het reproduceren ontstaat een blauwe
nevel, die zich langzaam in de richting van de schilderijen
verplaatst. Bij elke nieuwe reproductie groeit het werk van
buiten aan. De goudgele band (onder meer een verwijzing naar
Yellow Frame in de collectie Kröller-Müller) fungeerde in 1983
nog als lijst. Elke reproductie refereert aan de vorm van een
polaroid en luidt weer een volgende fase in, zoals ook de
ondertitel <u>vijfde generatie</u> aangeeft.
<u>Playback of painted polaroid</u> vormt een aaneengeregen structuur,
die tot in het oneindige kan worden voortgezet. Door elke nieuwe
handeling maakt J.C.J. van der Heyden een beeld ván een beeld.
Bijzaken vallen langzaam weg. Wat overblijft is de voorstelling
van het atelier als behuizing van de verbeelding. Terwijl de
schilderijen zich, in een intuïtief gekozen baan, langzaam
verwijderen in ruimte en tijd.

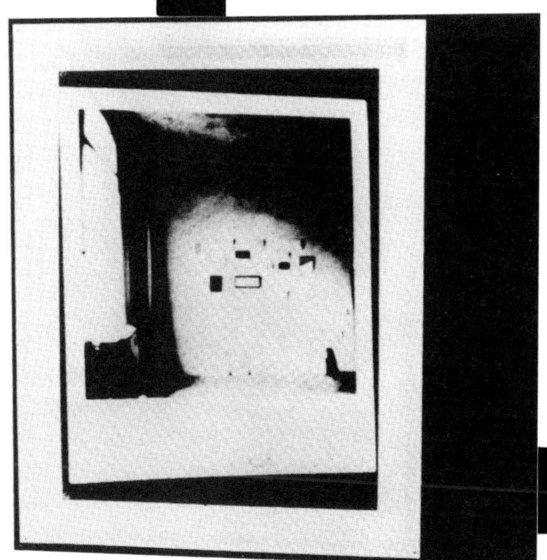

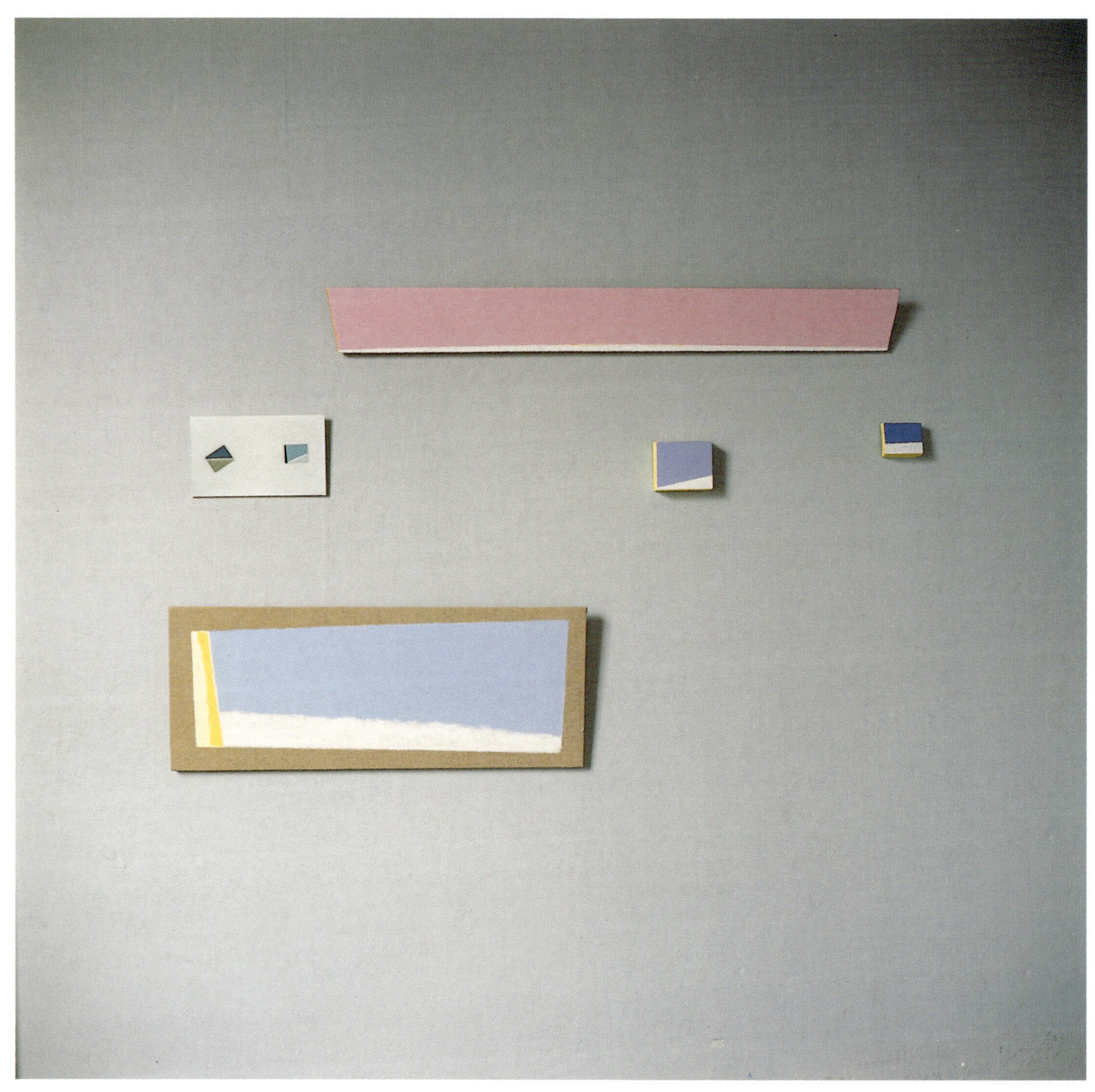

SIX SKYLINES

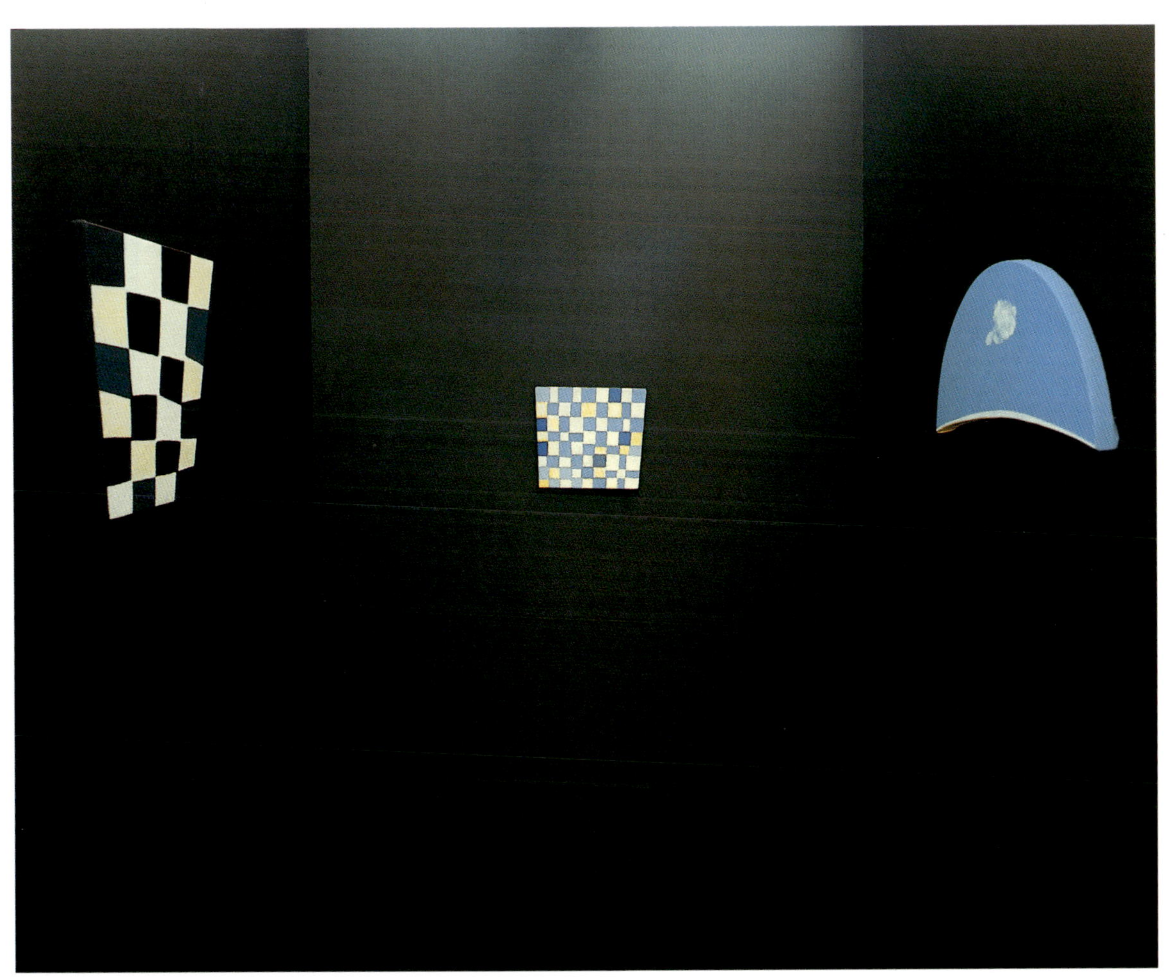

BLACK CELL

Op bezoek

Bij J.C.J. van der Heyden speelt de skepsis een grote rol. Dat
leidt tot een grote intelligentie in zijn werk. Want elk schilderij
en elk voorwerp dat hij maakt, roept als hij het van een afstand
een paar dagen later weer bekijkt, een aantal tegenbeelden op.
Die stimuleren hem in allerlei richtingen. Met wispelturigheid
heeft dit niets te maken - ondanks wat sommigen beweren.

Het atelier maakt dat duidelijk: dat is een ruimte van
spiegelingen en opwindende verdubbelingen. Het is een kleine
ruimte en alle voorwerpen staan en hangen dicht op elkaar.
Daardoor is goed te zien hoe ze met elkaar verbonden zijn. Een
groot schilderij, een blauw kader op witte grond, en daarnaast
schuin er tegenover hetzelfde motief - maar dan heel klein. In
de buurt van een spiegel die onder een bepaalde gezichtshoek
de maatverhouding tussen die twee schilderijen verandert: het
kleine wordt groter en het grote kleiner. Van der Heyden, als je
hem in zijn atelier bezoekt, maakt de indruk urenlang in die
spiegel (en andere spiegels) te zitten kijken. Zo ontdekte hij de
manipuleerbaarheid van beelden, en zo kwam hij erachter dat
hij skeptisch moest zijn over hun standvastigheid - en ook dat
hun *intelligentie* bestond uit hun veranderlijkheid. Voor iemand
die, zoals iedereen van die generatie, als expressionist is
begonnen is dat een enorme ontdekking: dat het schilderij niet
een uitbarsting hoeft te zijn die zwaar aan het doek kleeft
- maar dat het op koele wijze gemaakt wordt, verandert,
omgedraaid, vergroot en verkleind, verhoogd of versmald. Met
stijl en handschrift heeft het niets te maken want eigenlijk
bestaat het schilderij niet, het is een verschijningsvorm van een
ingreep - in het echt of in de spiegel.

Het was het voorjaar van 1963 toen ik voor het eerst in het
atelier van J.C.J. van der Heyden in Den Bosch was. Ik was al
eerder in een kunstenaarsatelier geweest, bij kunstenaars die ik
in Leiden kende, Cees Buurman en Jan Maaskant, maar dat
waren werkplaatsen. Het atelier van J.C.J. van der Heyden was
een constructie die de constructie van zijn kunstwerken
weerspiegelde: een kabinet van constructies. Ik zeg dat in
terugblik; toen heb ik dat waarschijnlijk niet zo begrepen.

Het mooie is dat toen, in Den Bosch in dat atelier, al te zien
was wat, op hetzelfde moment, wereldwijd gebeurde.
Het kunstwerk als een op intellectuele wijze manipuleerbare
vorm - de vorm onafhankelijk van de "gewone" werkelijkheid.
Op dat moment, 1963, werkte Luciano Fabro in Milaan, Penck
in Dresden, Buren in Parijs, Polke in Düsseldorf en Donald
Judd in New York. Ze kenden elkaar nog niet.

R.H. Fuchs

A visit

Scepticism plays an important part in J.C.J. van der Heyden's life. It generates a high degree of intelligence in his work. When he looks at his paintings or objects a few days after making them, they all evoke a number of antitheses which set him off on a variety of courses. It has nothing to do with capriciousness - despite what some people say.

His studio demonstrates this quite clearly: a place of reflections and intriguing duplications. It is a small room, in which all the objects stand and hang close together. It is easy to see how they are related. A big painting, a blue border on a white ground, next to it or diagonally opposite the same motif - but very small. Nearby, a mirror which at a certain angle changes the proportions of the two paintings: the small one looks bigger and the big one smaller. Van der Heyden, when you visit him in his studio, gives you the feeling that he spends hours gazing at that mirror (or other mirrors). That's how he discovered that images can be manipulated, and that's how he found out that he had to be sceptical about their constancy - and that their *intelligence* dwelt in their changeability. For someone who, like everyone of that generation, started off as an expressionist, this is a tremendous discovery: that the painting need not be an explosion, stuck firmly to the canvas - but that it can be done coolly, changed, turned, enlarged, diminished, made higher or narrower. It has nothing to do with style or handwriting, for the painting does not really exist; it is a manifestation of a procedure - real or mirrored.

I first visited J.C.J. van der Heyden's studio in Den Bosch in 1963. I had visited artists before - Cees Buurman and Jan Maaskant, who I knew in Leiden, but their studios were workshops. J.C.J. van der Heyden's was a construction which mirrored the construction of his works: a cabinet of constructions. This is all hindsight; at the time I probably didn't understand.

The interesting thing is that what we saw in Van der Heyden's studio that day in Den Bosch was happening all over the world just then.
The work of art as a form to be intellectually manipulated - the form regardless of 'ordinary' reality. At that moment, in 1963, Luciano Fabro was working in Milan, Penck in Dresden, Buren in Paris, Polke in Dusseldorf and Donald Judd in New York. They were not yet acquainted.

R.H. Fuchs

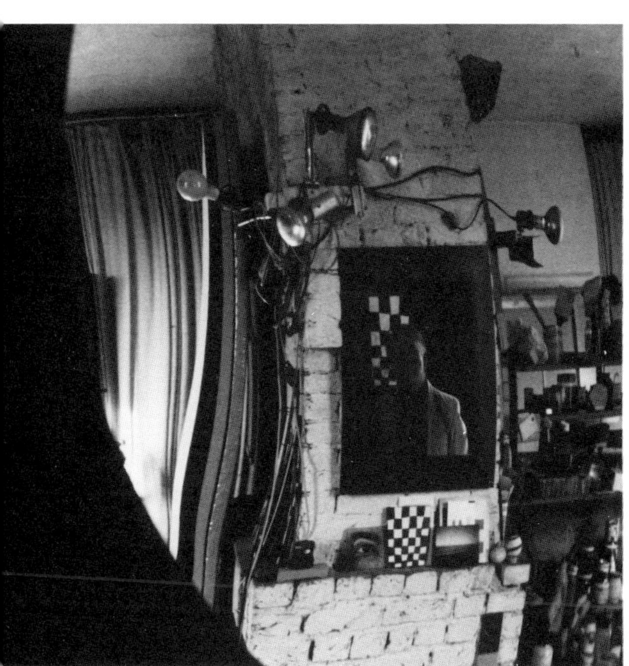

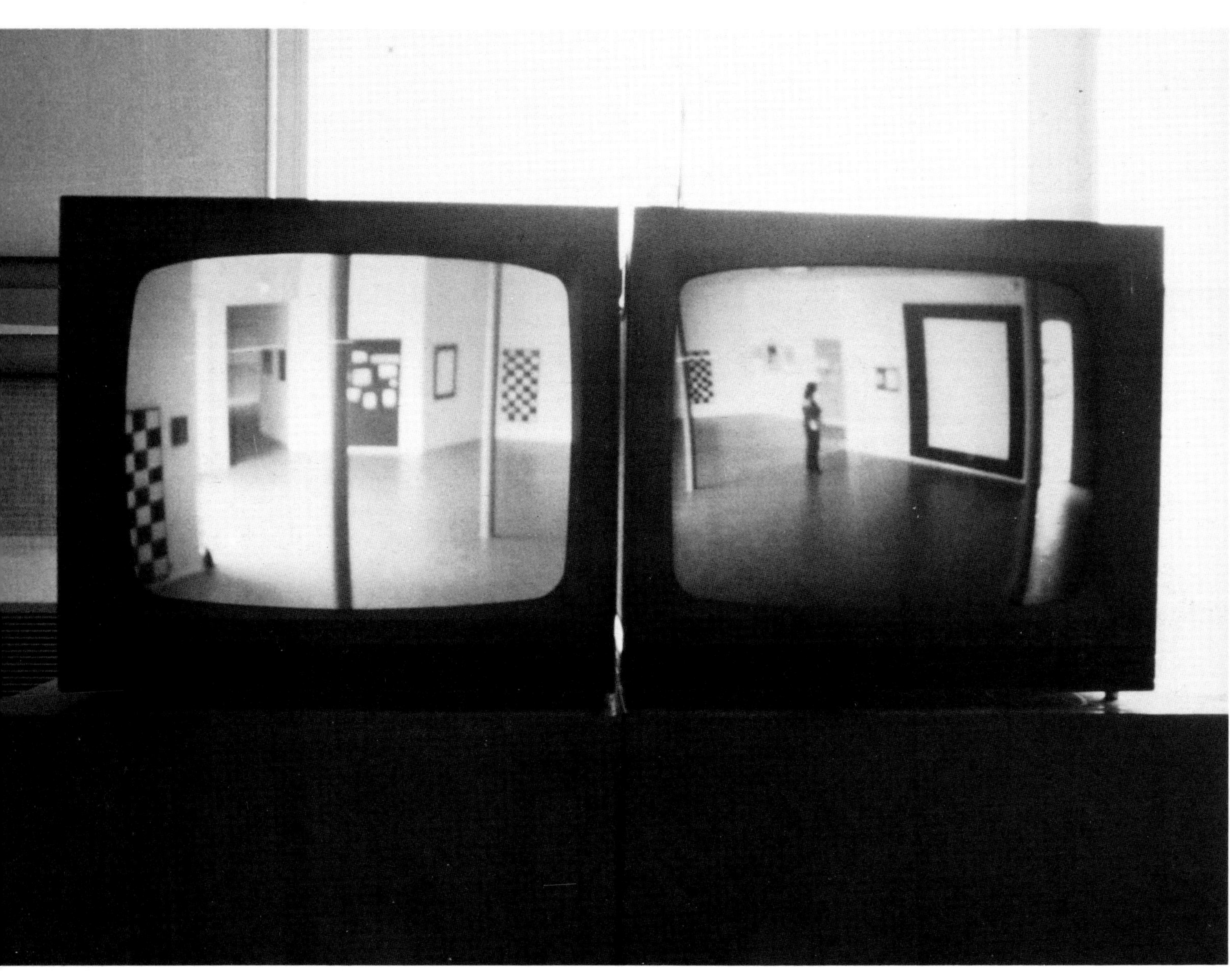

Johannes de eyck fuit hic

· 1434 ·

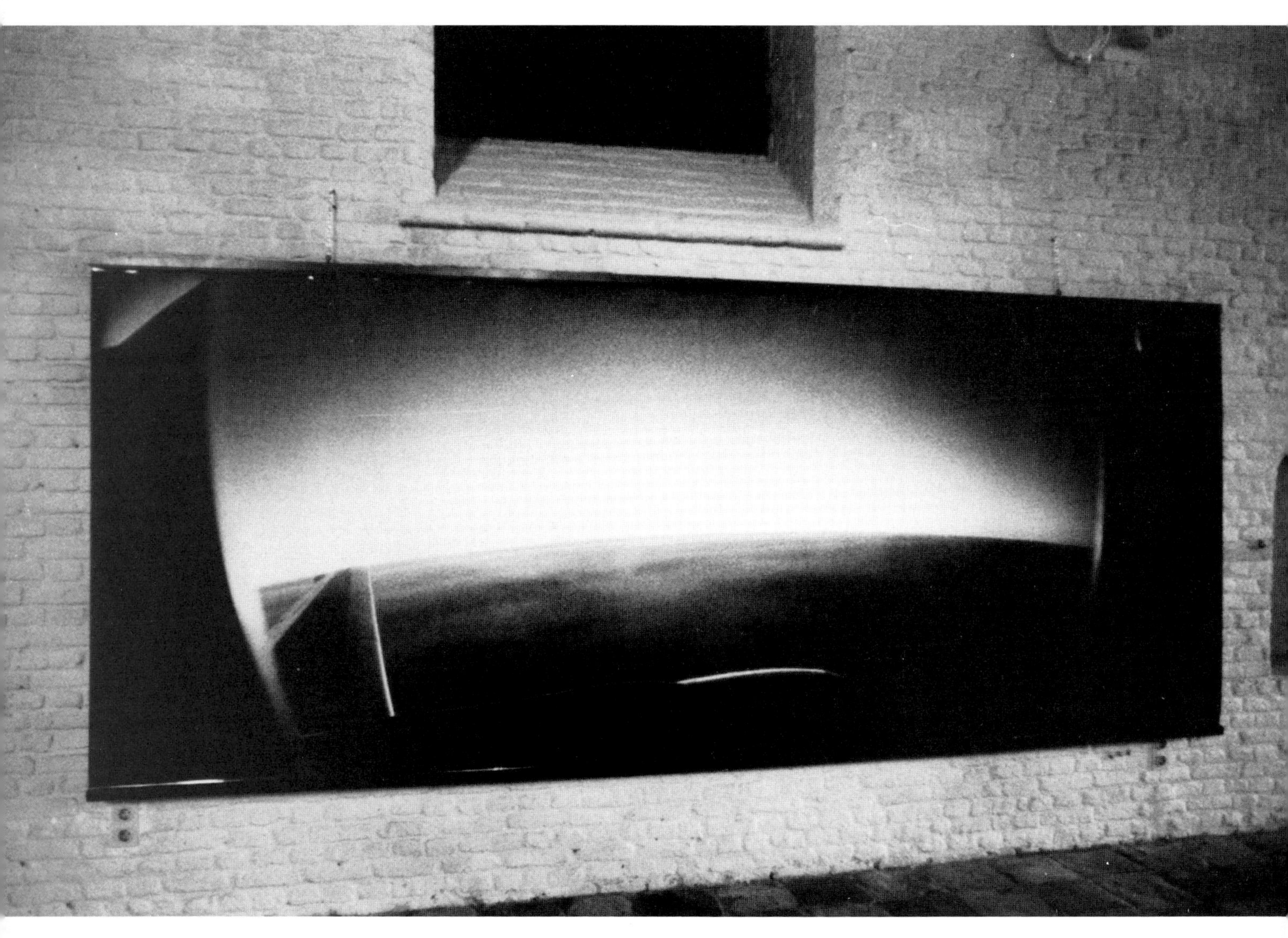

DAYBREAK
170 x 425 cm

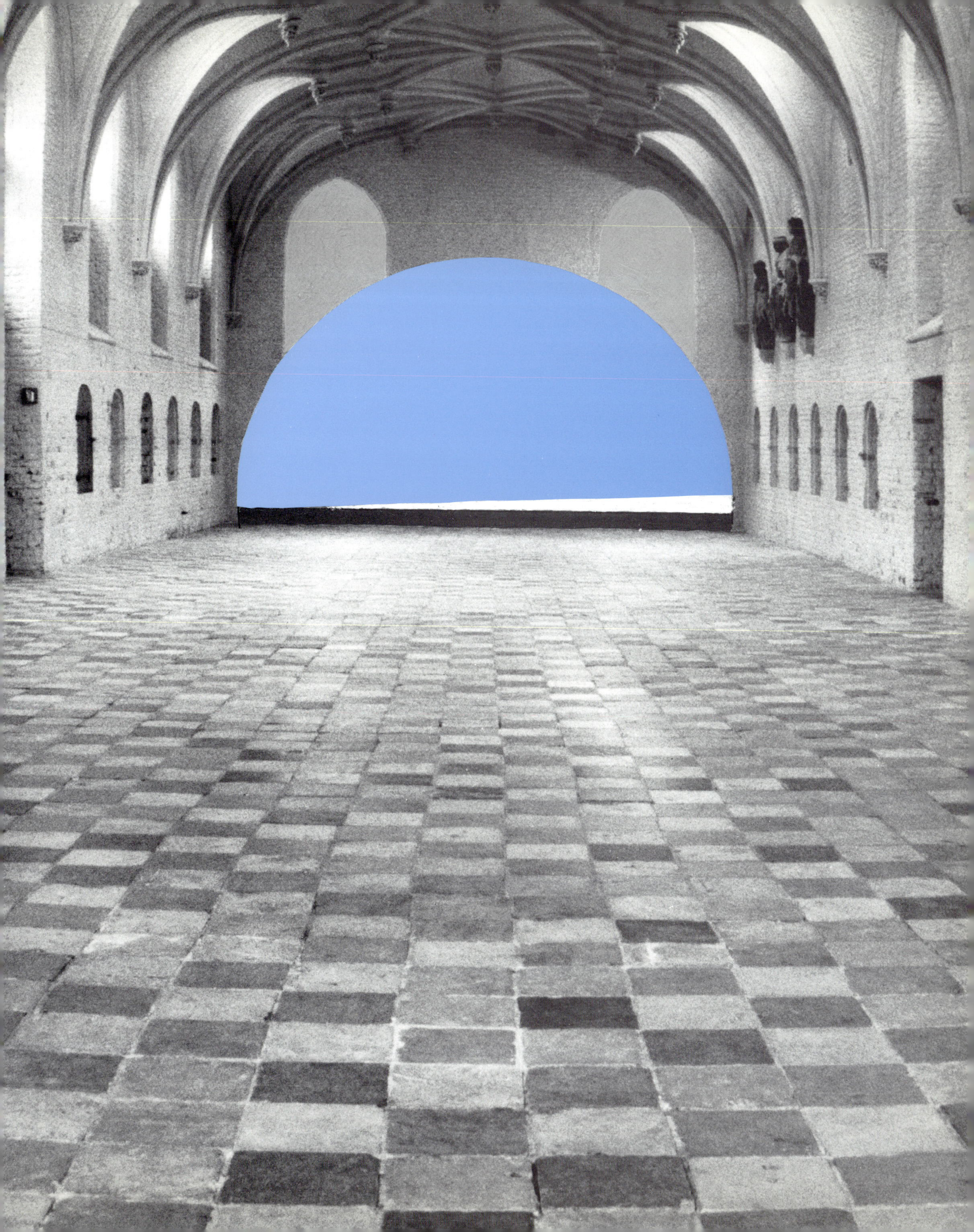

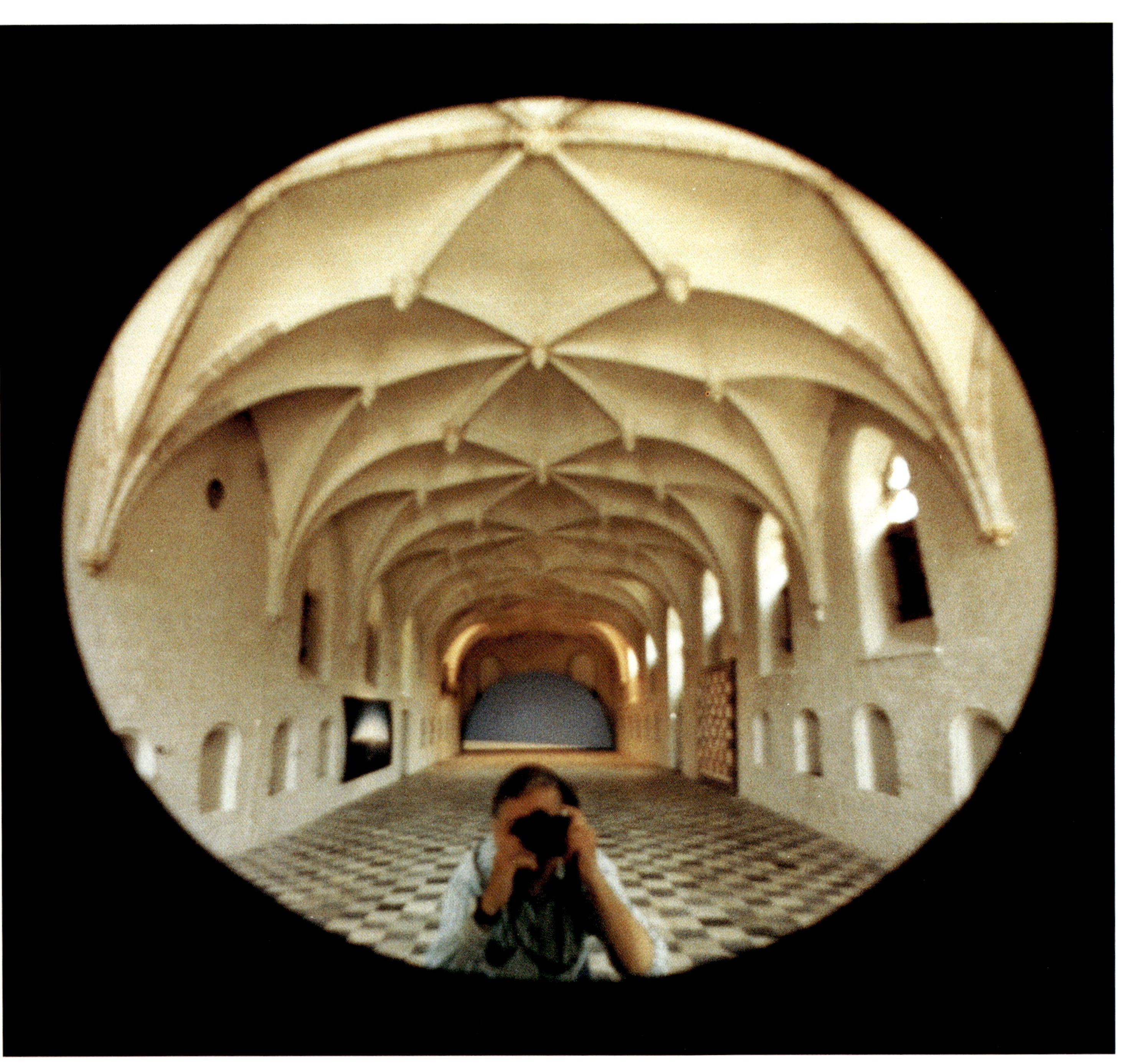

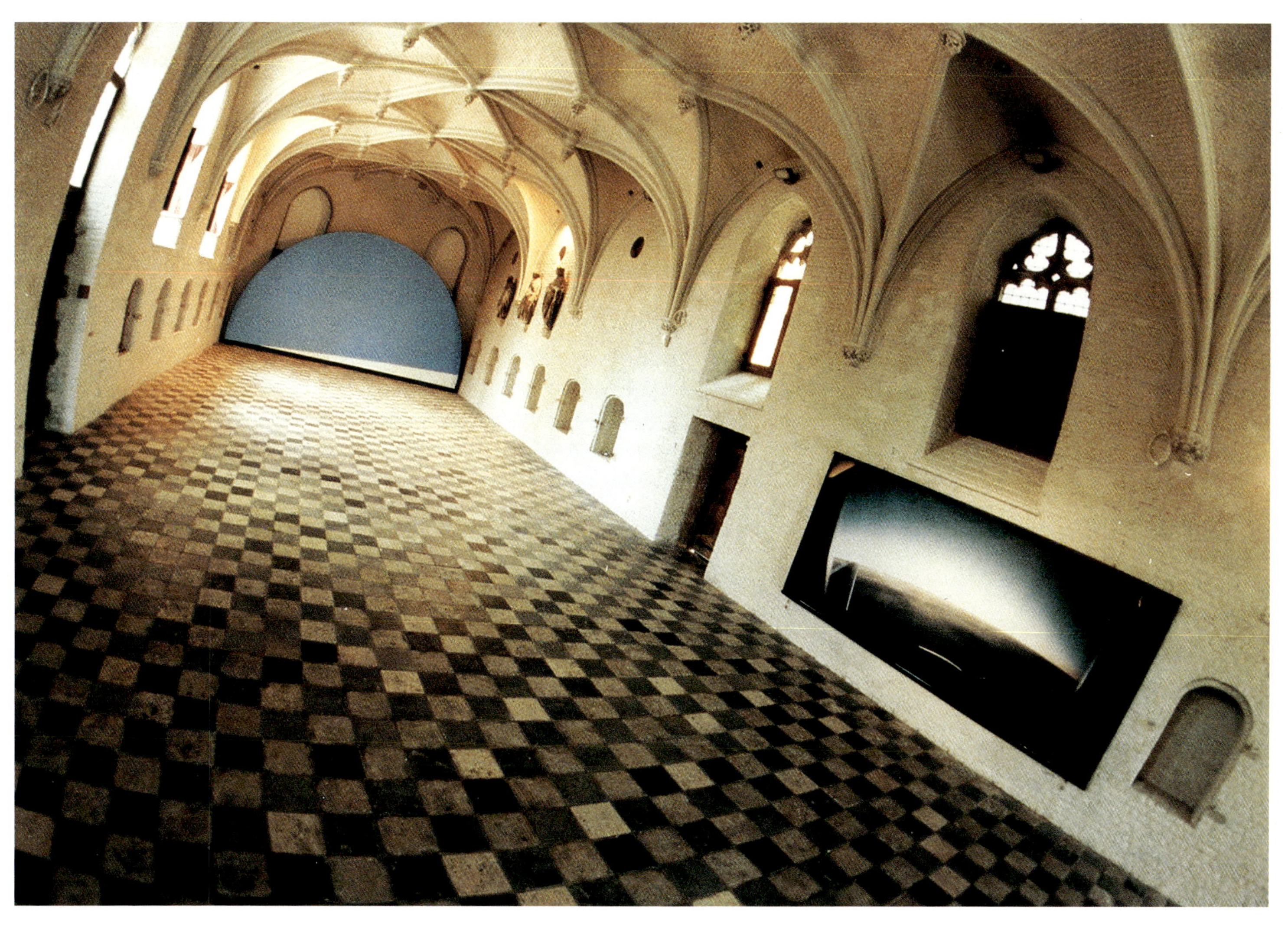

NIETS IS JUIST

'Nothing is right . . . it is
compared to each other.
Therefore bring two things
together, I know it from
art . . . it gives sometimes
wonderful solutions'. J.C.J.
van der Heyden in de
paneldiscussie 'Art meets
science and spirituality in a
changing economy' in het
Stedelijk Museum
Amsterdam op
12 september 1990.

In de eerste levensjaren hoort een kind een
klank als klank. Langzamerhand ontstaat een
taal en de grammatica-regels worden hem
geleerd. Noch als kind, noch als volwassene
mag je van die regels afwijken, want hoe
meer je dat doet hoe moeilijker je je kan
handhaven. Daarmee is de grote sprakeloze
openheid van weleer verdwenen. Groeien
kost iets.

Als ik kijk naar het werk van J.C.J. van der
Heyden, dan zie ik dat het in de beeldende
kunst mogelijk is het beeld nog als beeld te
zien, zoals ik vroeger gedwongen was een
klank als klank te horen. In zijn werk is dat
zeer sterk aanwezig; het sprakeloze beeld
staat herhaaldelijk weer even in direkt
kontakt met het oog. Juist op die momenten
weet ik dat ik groei; het is als het verkrijgen
van een scherp inzicht in de wereld en in
mijzelf. Uiteindelijk is het dat ook.

Het gebeurt herhaaldelijk bij het inrichten
van zijn tentoonstellingen, dat J.C.J. van der
Heyden – tot mijn stomme verbazing – een
heel ander werk maakt van het werk dat ik in
zijn atelier zag. Een doek wordt gedraaid om
de reflektie van de geverfde zijkant van een
doek beter tot zijn recht te laten komen.
Een spiegel wordt als onderdeel van een
werk links gezet in plaats van rechts, omdat
een deur in de buurt het gehele beeld
vervormd. Een zwart-wit gedrukte omslag
van een katalogus wordt gefotografeerd in
kleur en uitvergroot tot een werk als 'Eye
level', 1988. Dit werk ziet er weer uit als een
zwart-wit werk, maar toch ook weer niet als
je de zweem ziet. Een prentbriefkaart met
'Simultaneous' (1988) laat op verrassende
wijze een geheel nieuw beeld zien.
Zijn manier van fotograferen en de halve
reproduktie van dit werk maken deze
prentbriefkaart tot een grafisch kunstwerk.

Niets is juist. Of zou dat zelfs niet juist zijn?

Kees van Gelder

NOTHING IS RIGHT

'Nothing is right . . . it is compared to each other. Therefore bring two things together, I know it from art . . . it gives sometimes wonderful solutions.' J.C.J. van der Heyden in a panel discussion on 'Art meets science and spirituality in a changing economy' in the Stedelijk Museum, Amsterdam, on September 12 1990.

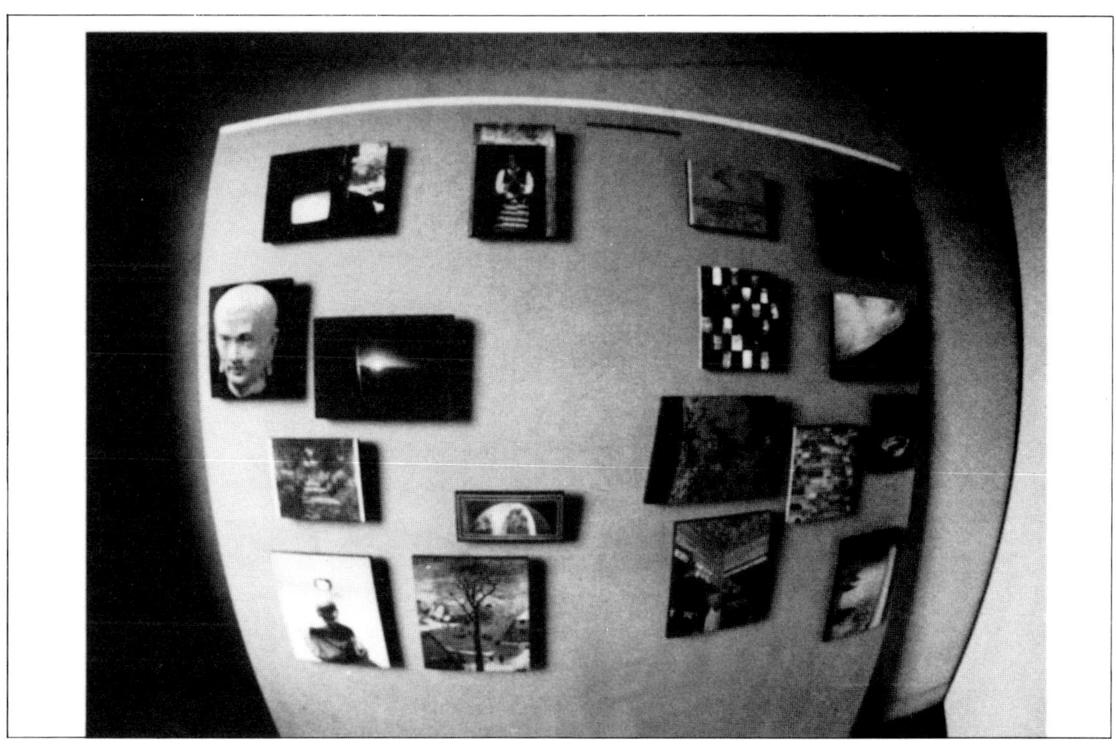

'Simultaneous' 1988

A child, in its earliest years, hears a sound as sound. Language gradually develops, and the rules of grammar are learned. Neither as a child nor as an adult may you break the rules, for the more you offend the harder it is to make good. The great, speechless openness of the past has thus disappeared. Growing has its price.

When I look at J.C.J. van der Heyden's work, I see that it is still possible in art to see the image as image, just as I was formerly compelled to hear a sound as sound. This aspect makes itself strongly felt in his work; the speechless image is repeatedly in direct, momentary contact with the eye. It is at these moments that I know I am growing; it is like obtaining an acute insight into the world and into myself. In the final analysis that is true.

Invariably when setting up his exhibitions, J.C.J. van der Heyden – to my amazement – makes a completely different work from what I saw in his studio. A picture is turned to show the painted side of a canvas to better advantage. A mirror, as a component of a work, is placed on the left instead of the right, because a nearby door distorts the total image. A black-and-white printed catalogue cover is photographed in colour and enlarged into a work like 'Eye Level', 1988. This in turn looks like a black-and-white work, but not when you see the tinge of colour. A picture postcard of 'Simultaneous' (1988) shows a surprising, completely new picture. The way he photographed it and the half-reproduction make of this postcard a work of graphic art.

Nothing is right. Or is that wrong too?

Kees van Gelder

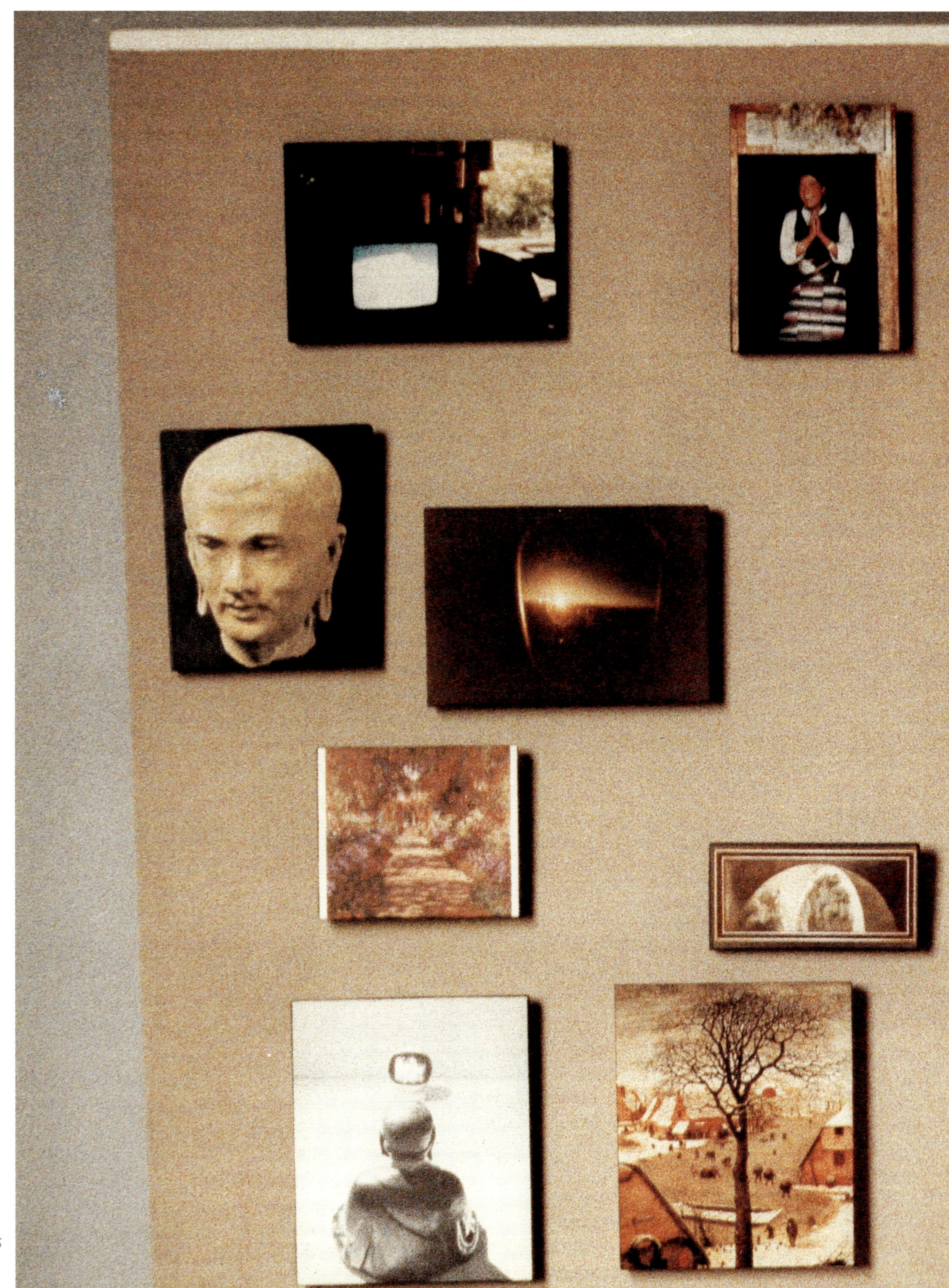

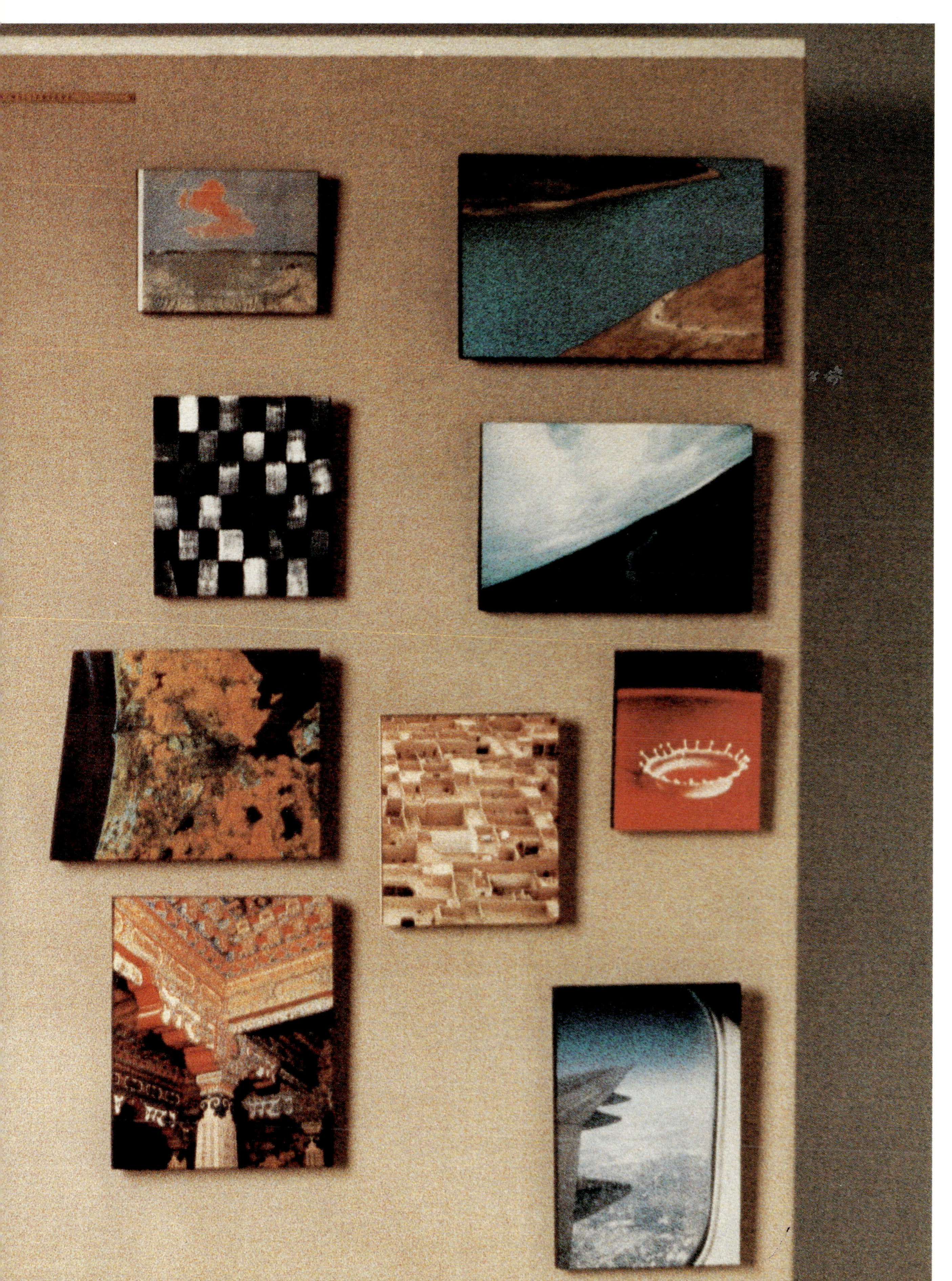

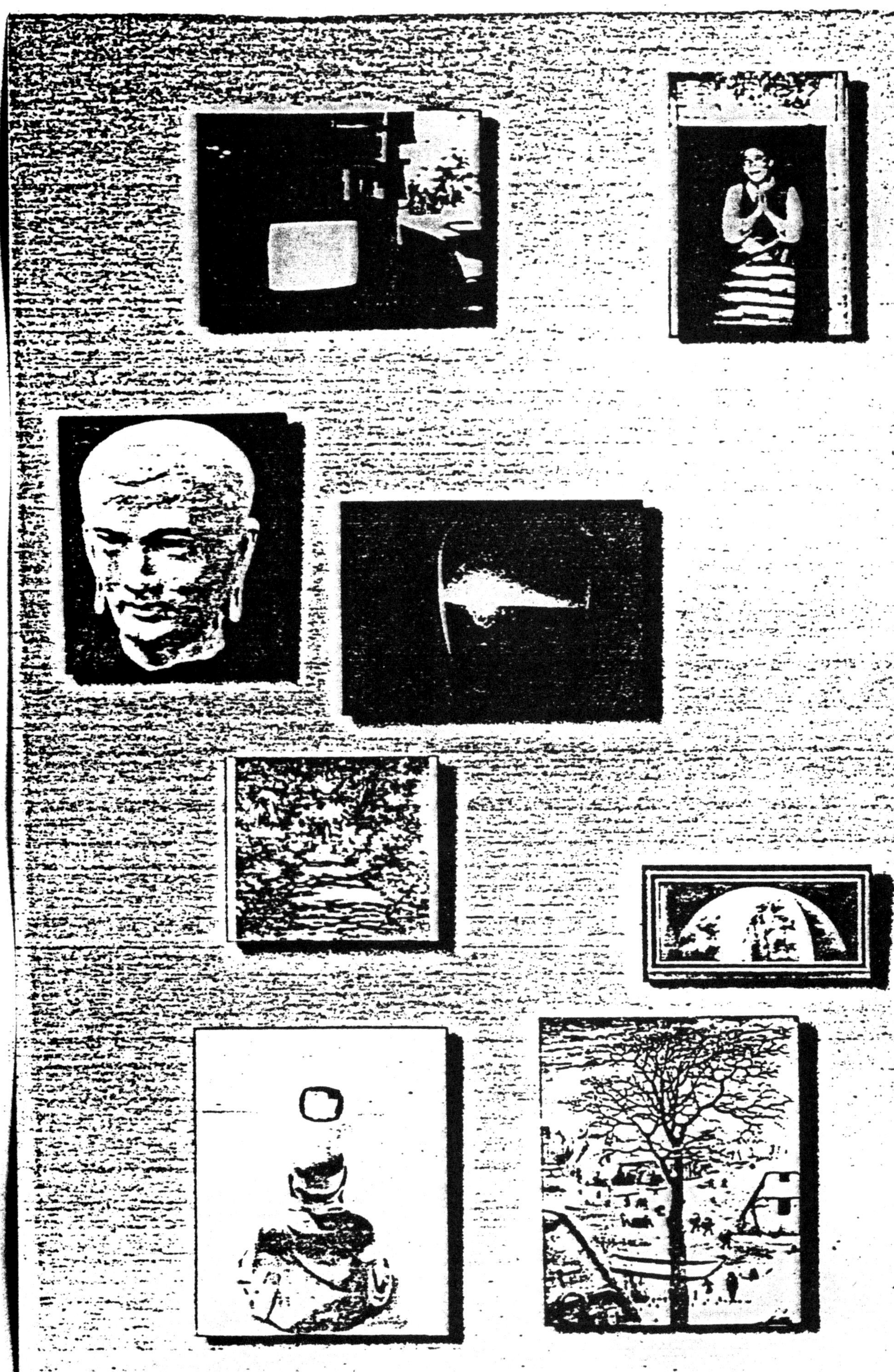

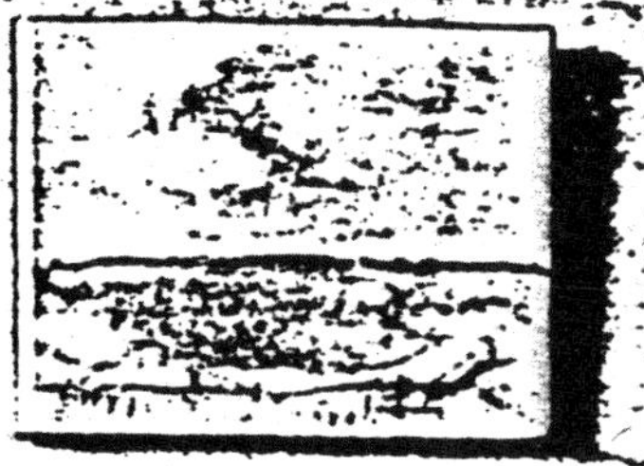

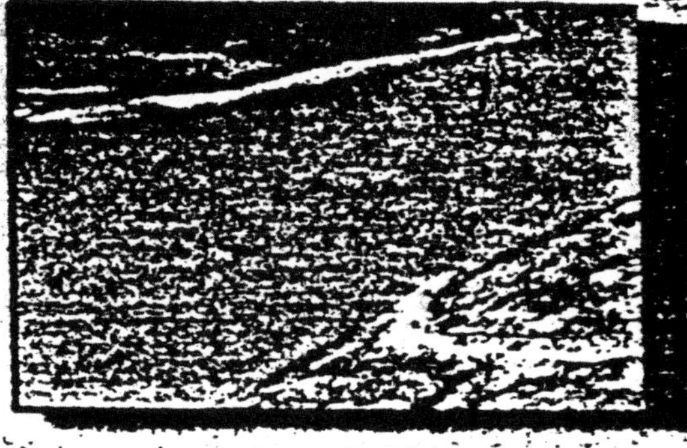

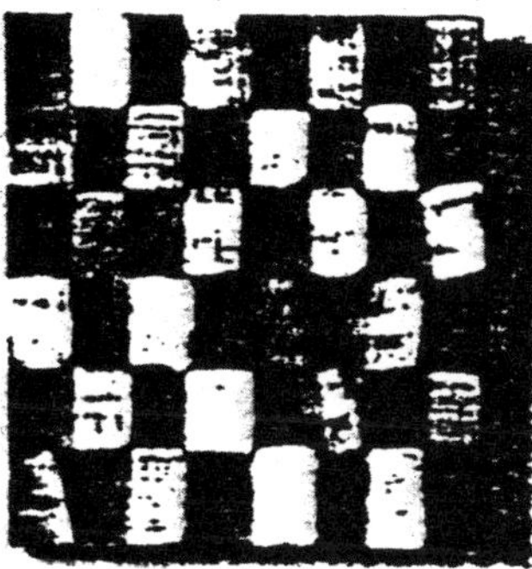

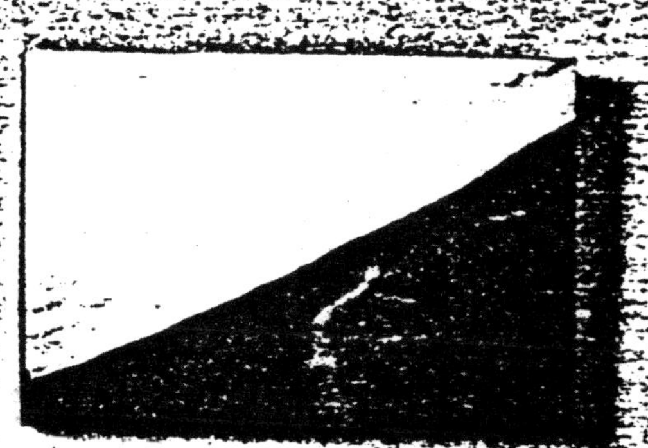

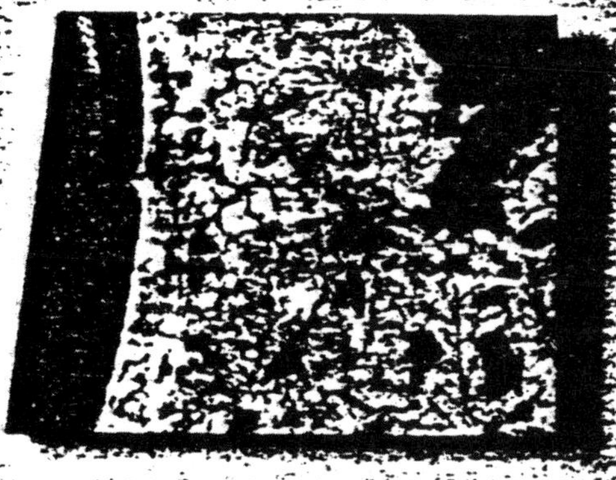

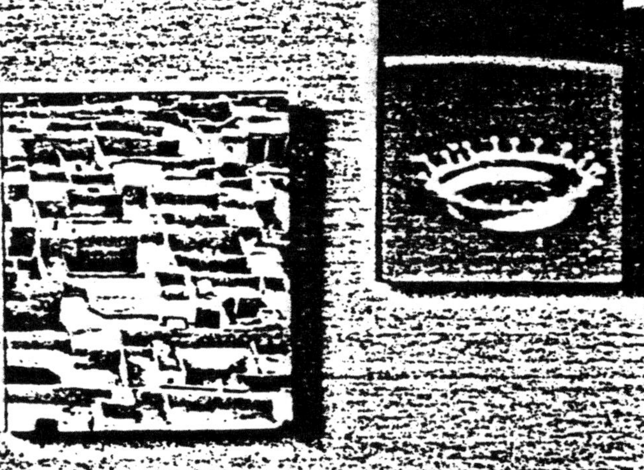

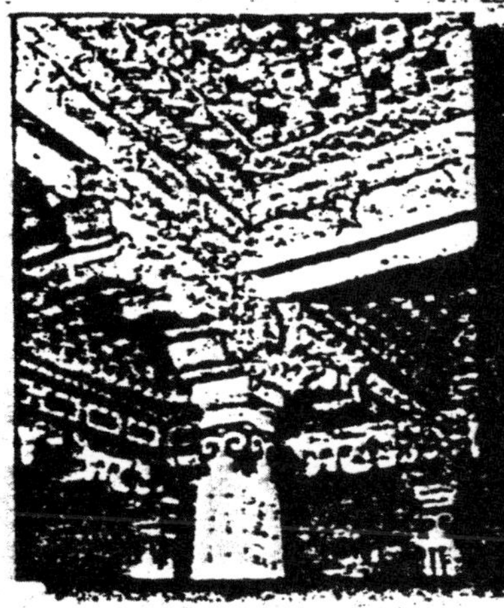

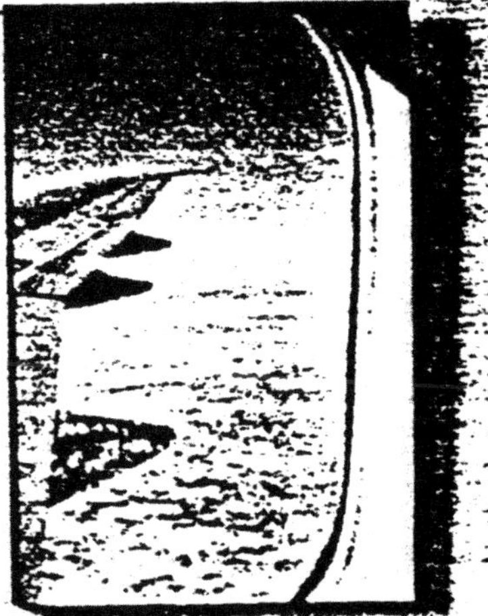

SIMULTANEOUS

Het werk van J.C.J. van der Heyden heeft een eigen intense
schoonheid en maakt ons op een bijzondere manier bewust
van licht, tijd en ruimte. Een besef van het hier en nu wordt
erdoor verhevigd, maar ook de verwarring en uitdaging van
de werkelijkheid die via de media tot ons komt. In een
schilderij, prent, foto, samenstelling, boek of ruimtelijke
ingreep, gaat het hem steeds om een wisselwerking tussen
het unieke en het meervoudige, het kleine en het grote, hier
en ginds, binnen en buiten, beeld en concrete werkelijkheid,
en daar doorheen hoe concentratie kan samenvallen met
openheid.

J. L. Locher

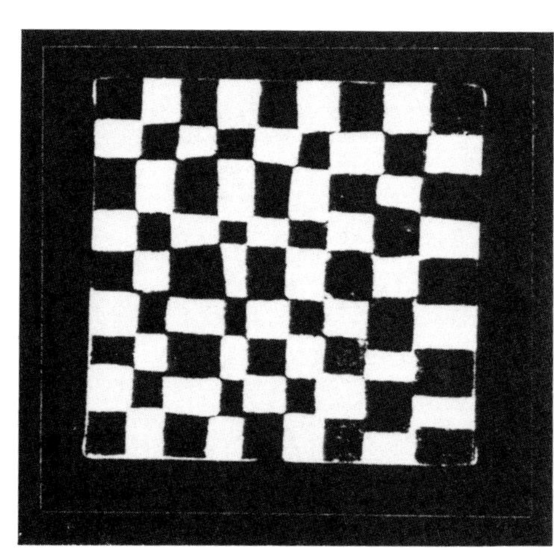

J.C.J. van der Heyden's work has an intense beauty of its
own, making us conscious, in a special way, of light, time
and space. Our awareness of here and now is thus
intensified, but so are the confusion and challenge of the
reality conveyed to us through the media. Whether in a
painting, print, photograph, composite work, book or
spatial treatment, he is always intent on the interaction of
unique and multiple, small and large, here and there,
inside and outside, image and concrete reality, and in all
this with how concentration can coincide with openness.

J. L. Locher

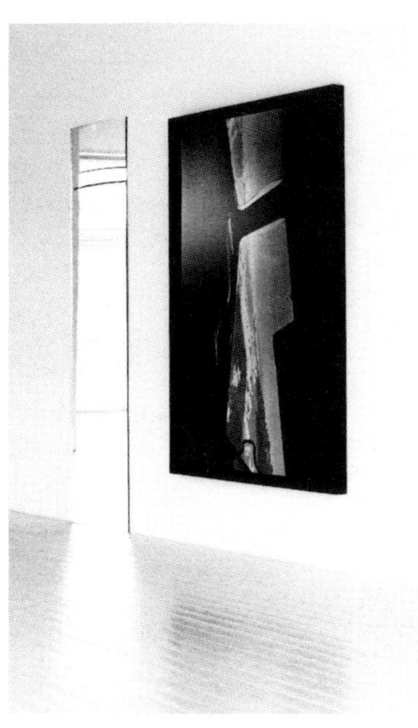

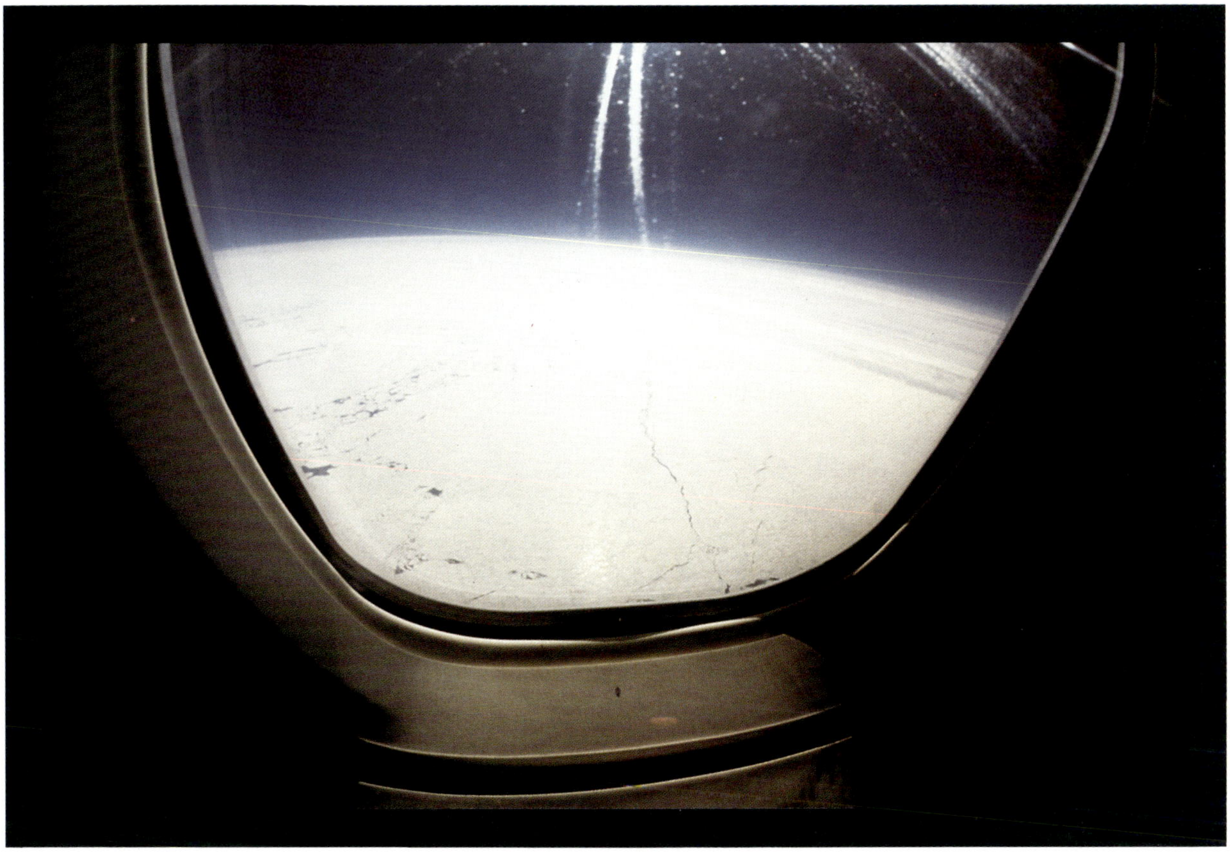

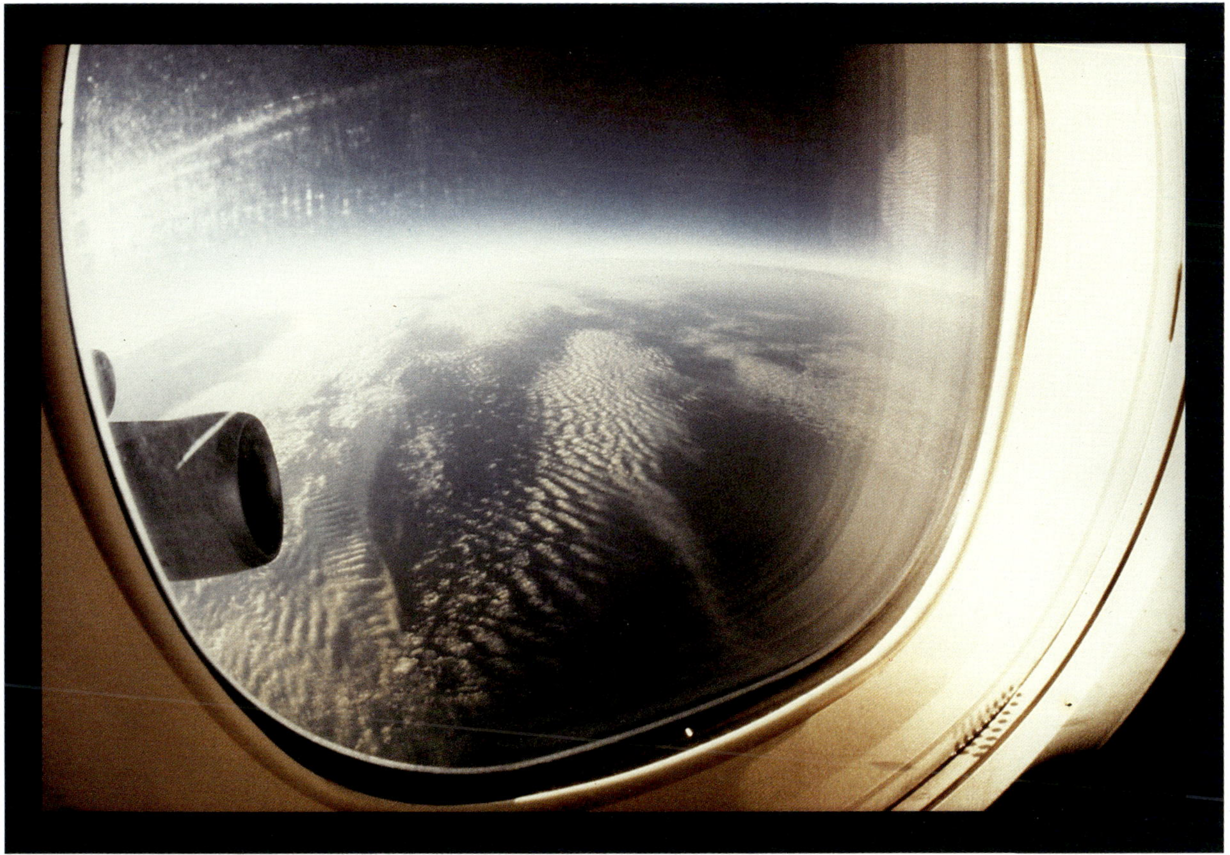

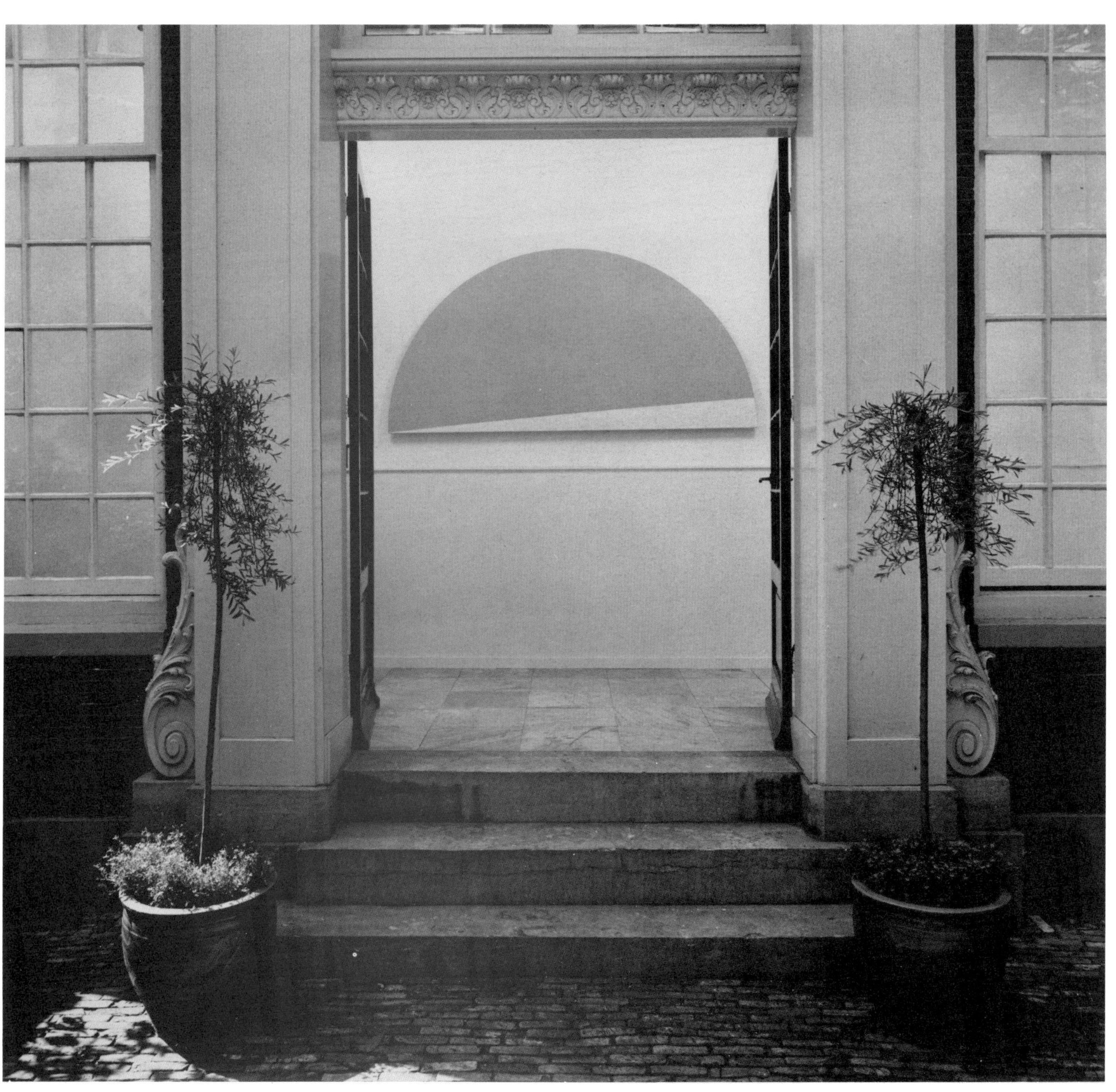

SHIFTING HORIZON

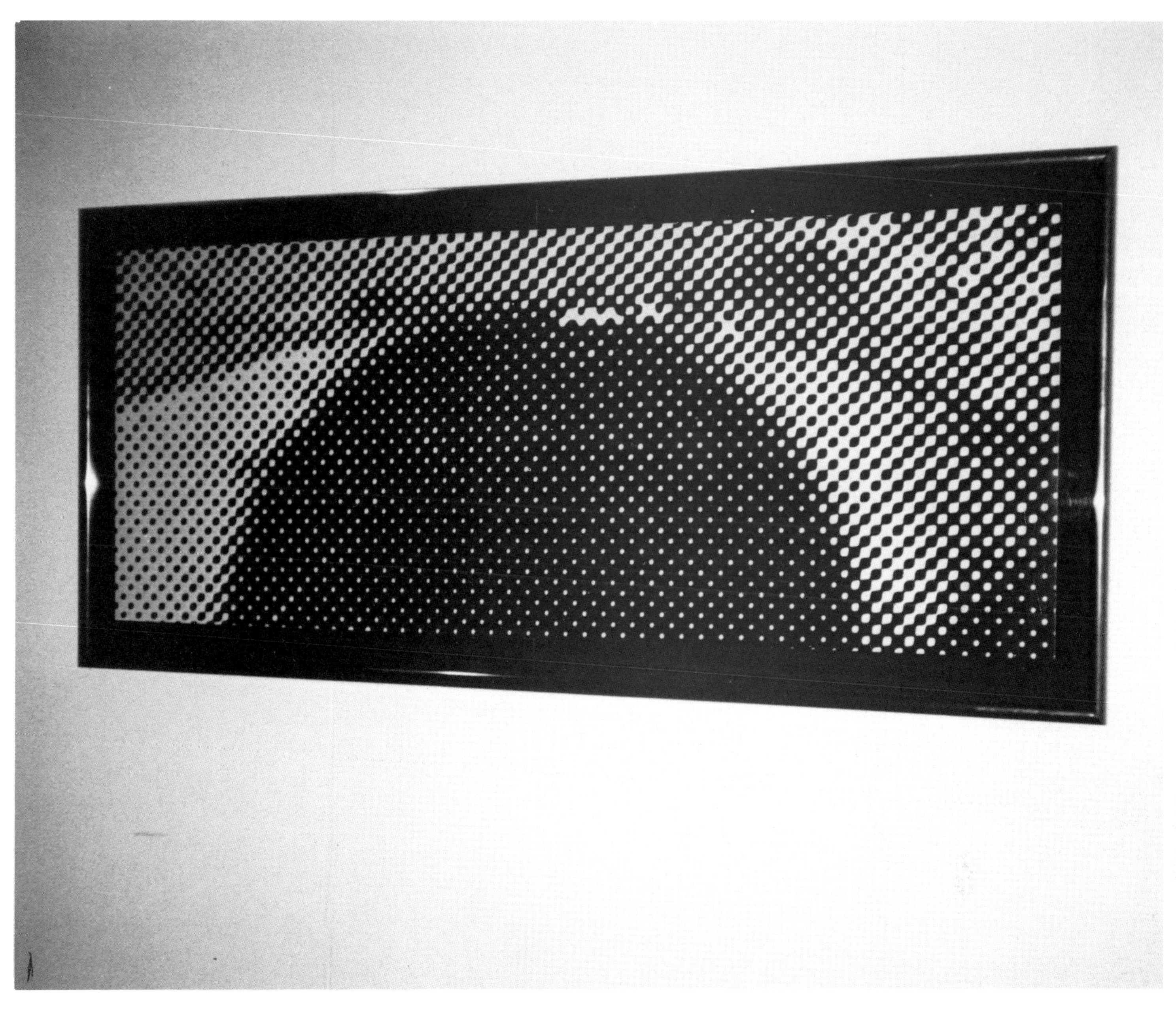

EYE LEVEL

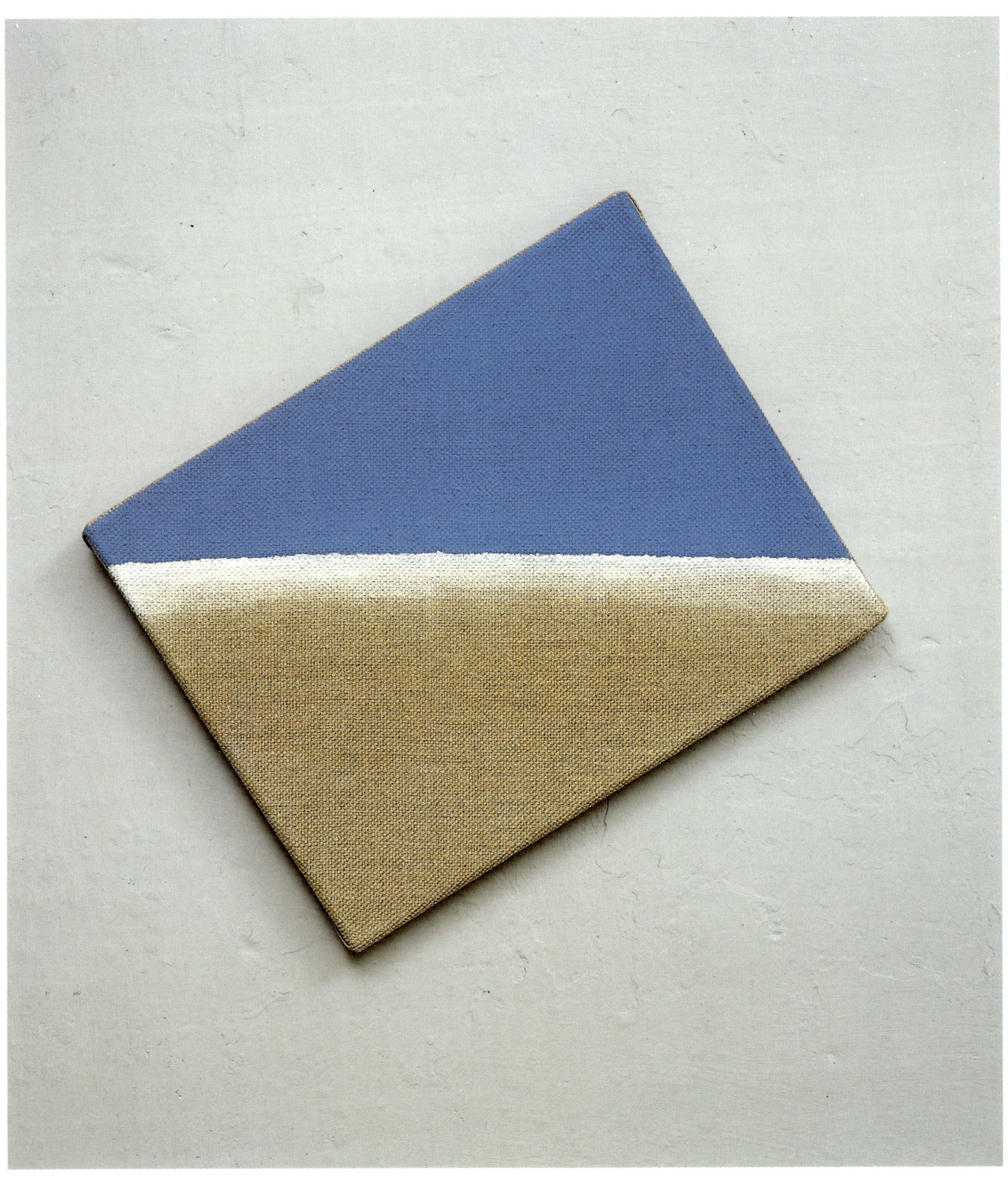

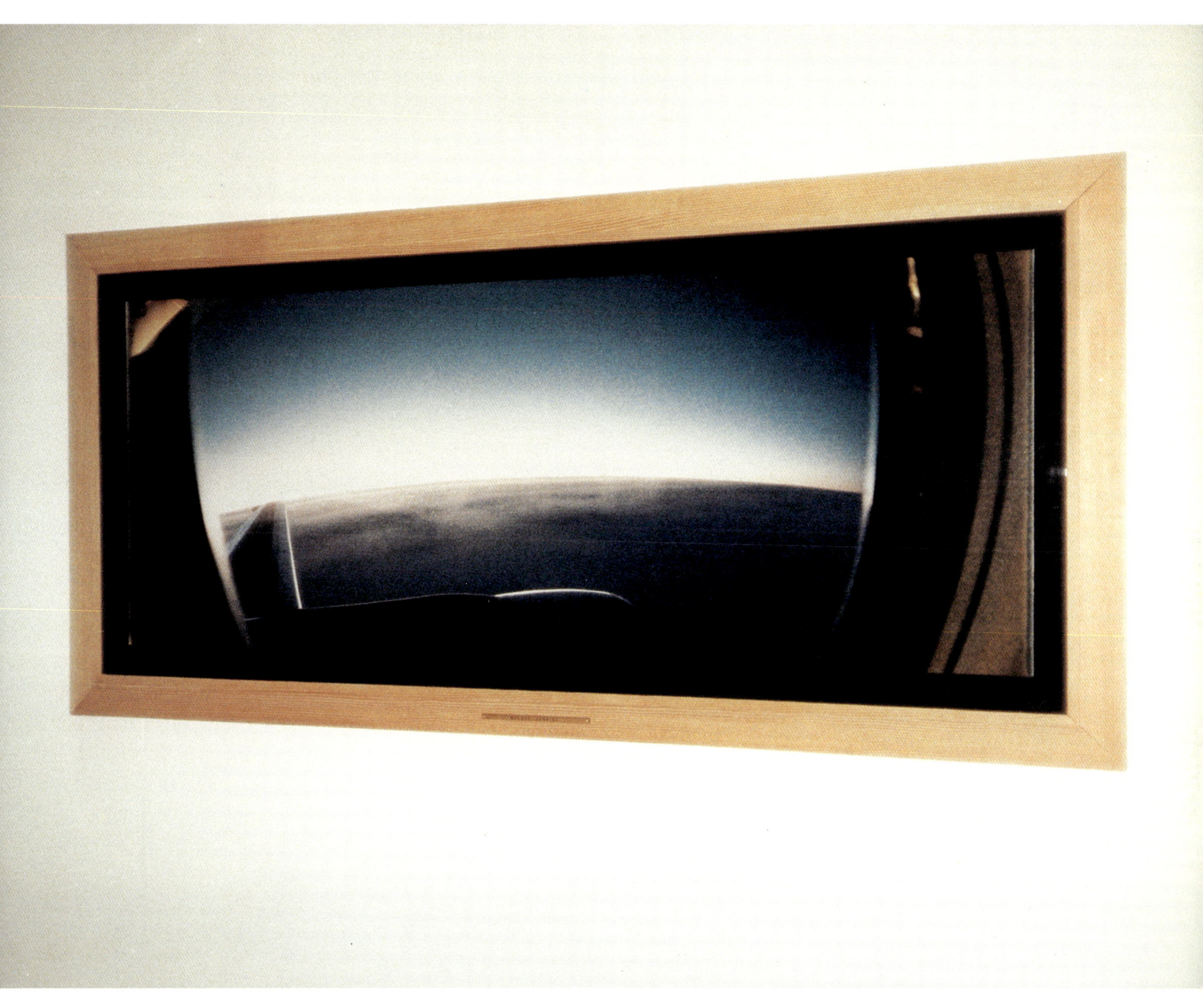

BEFORE SUNRISE

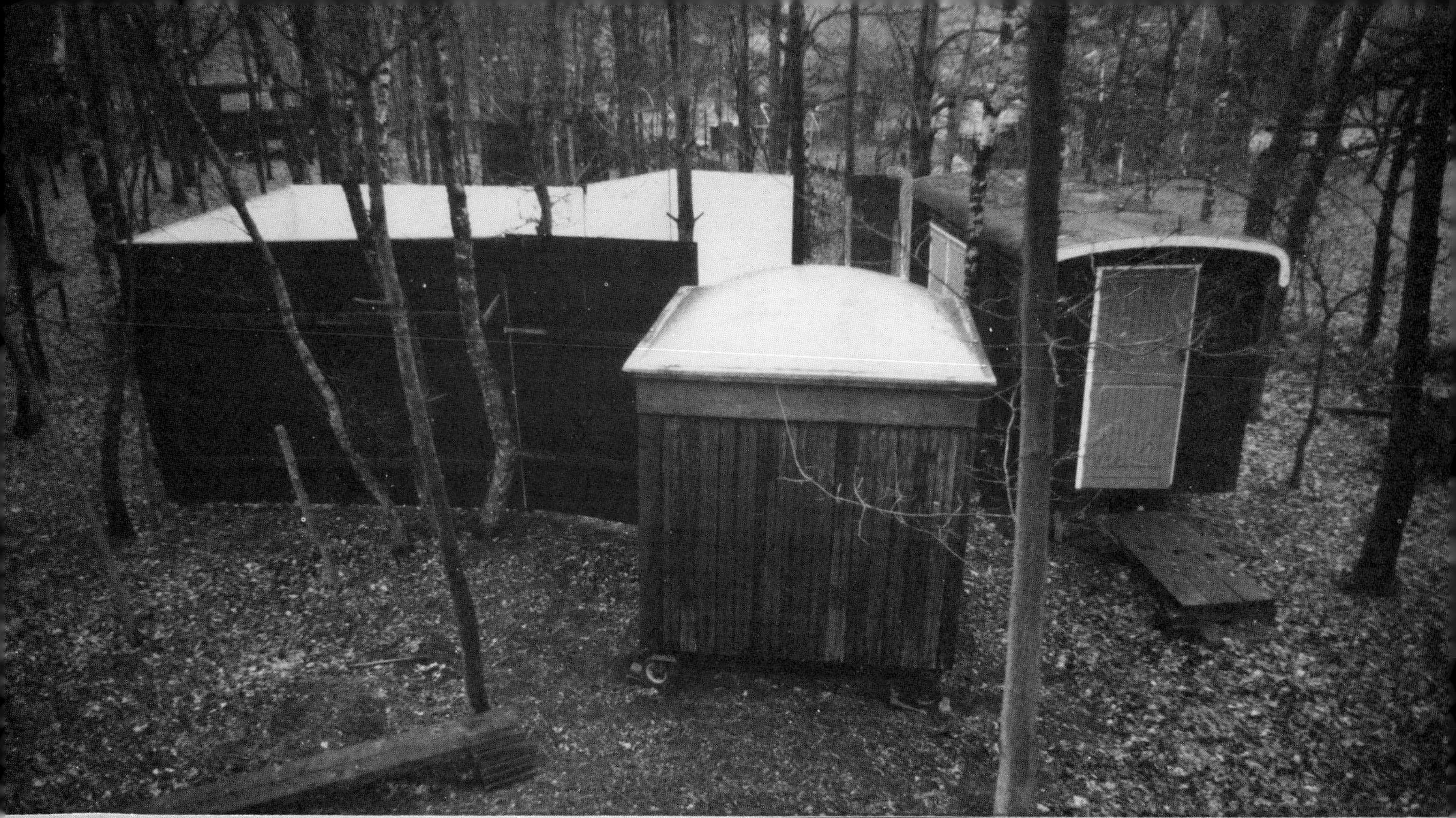

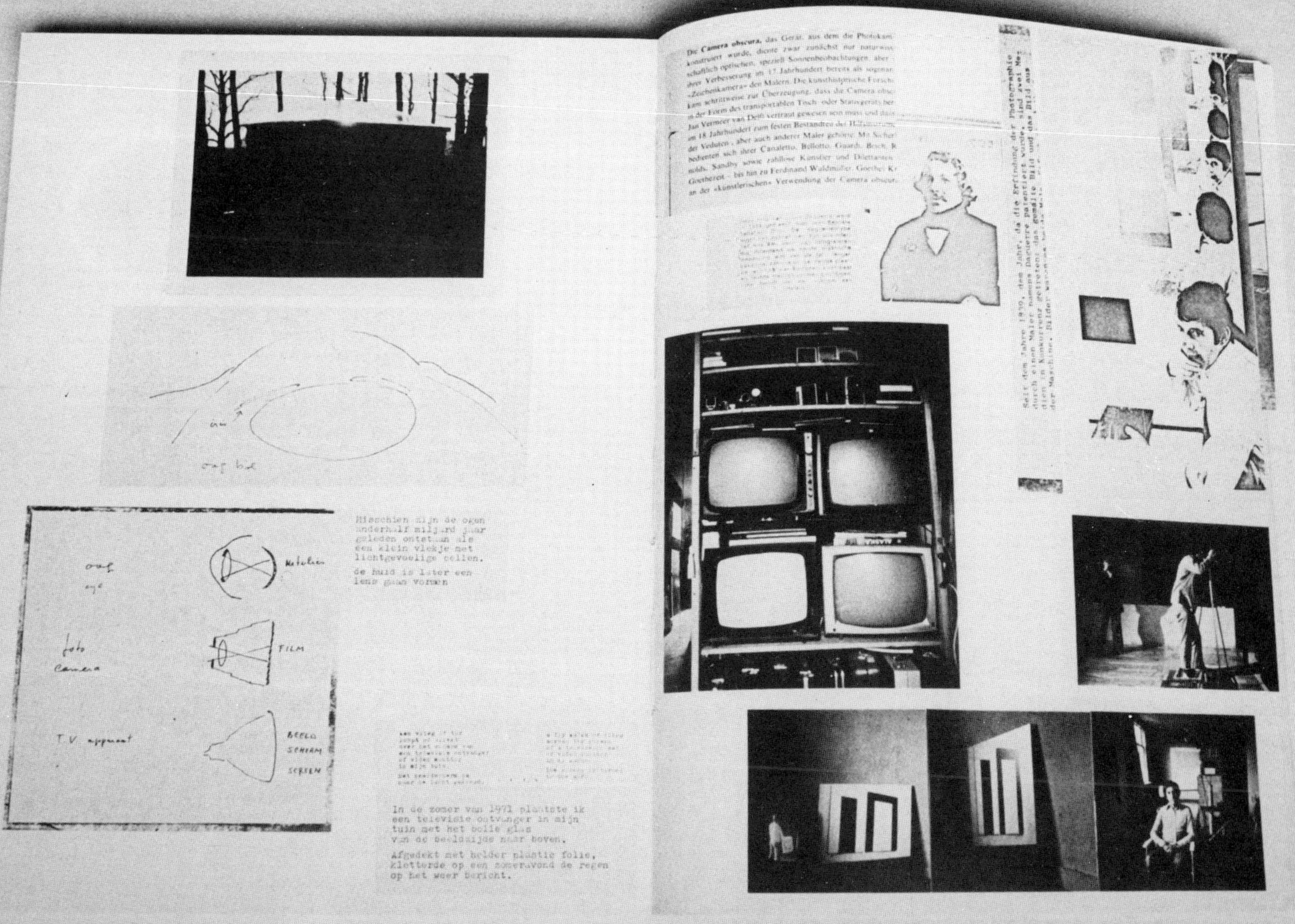

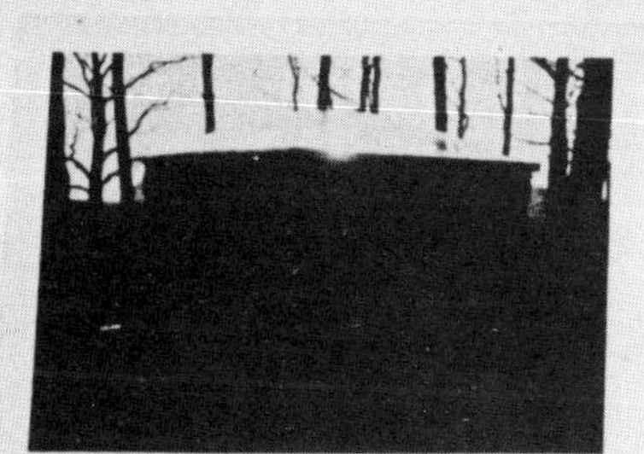

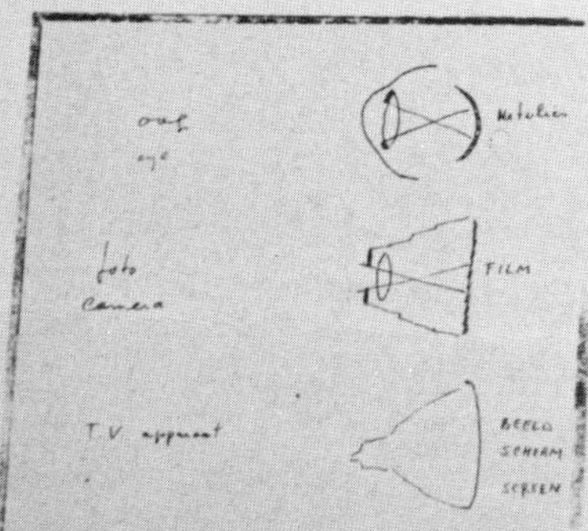

Misschien zijn de ogen
anderhalf miljard jaar
geleden ontstaan als
een klein vlekje met
lichtgevoelige cellen.

de huid is later een
lens gaan vormen

In de zomer van 1971 plaatste ik
een televisie ontvanger in mijn
tuin met het bolle glas
van op beeldzijde naar boven.

Afgedekt met helder plastic folie,
kletterde op een zomeravond de regen
op het weer bericht.

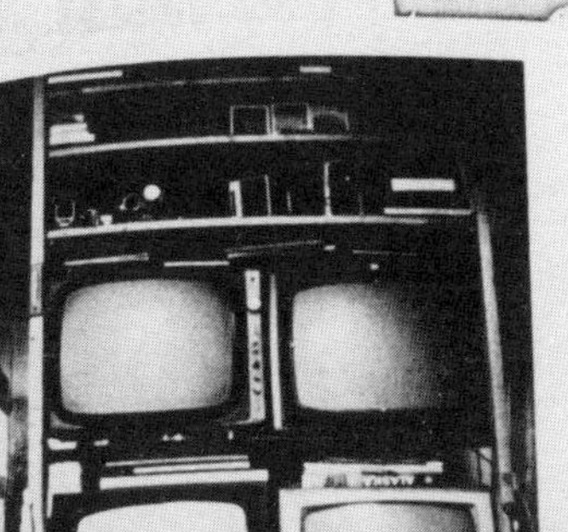

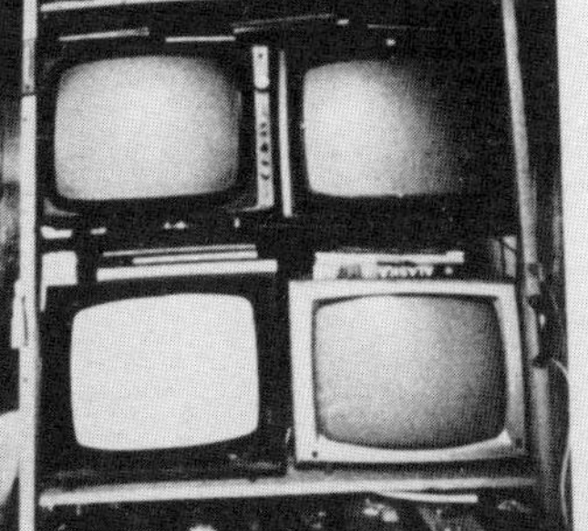

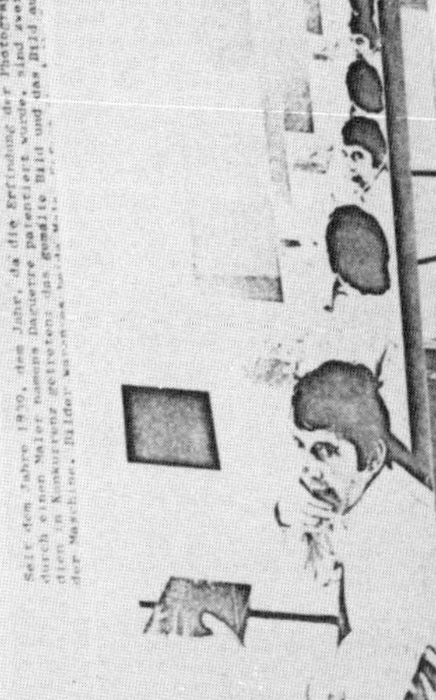

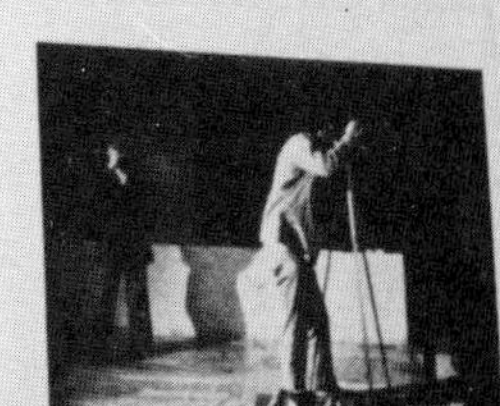

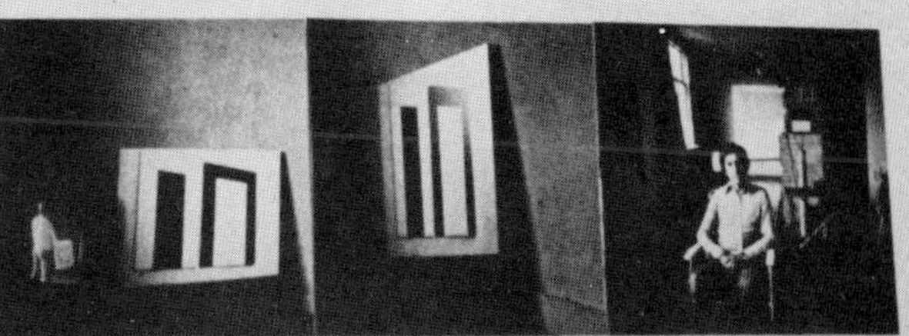

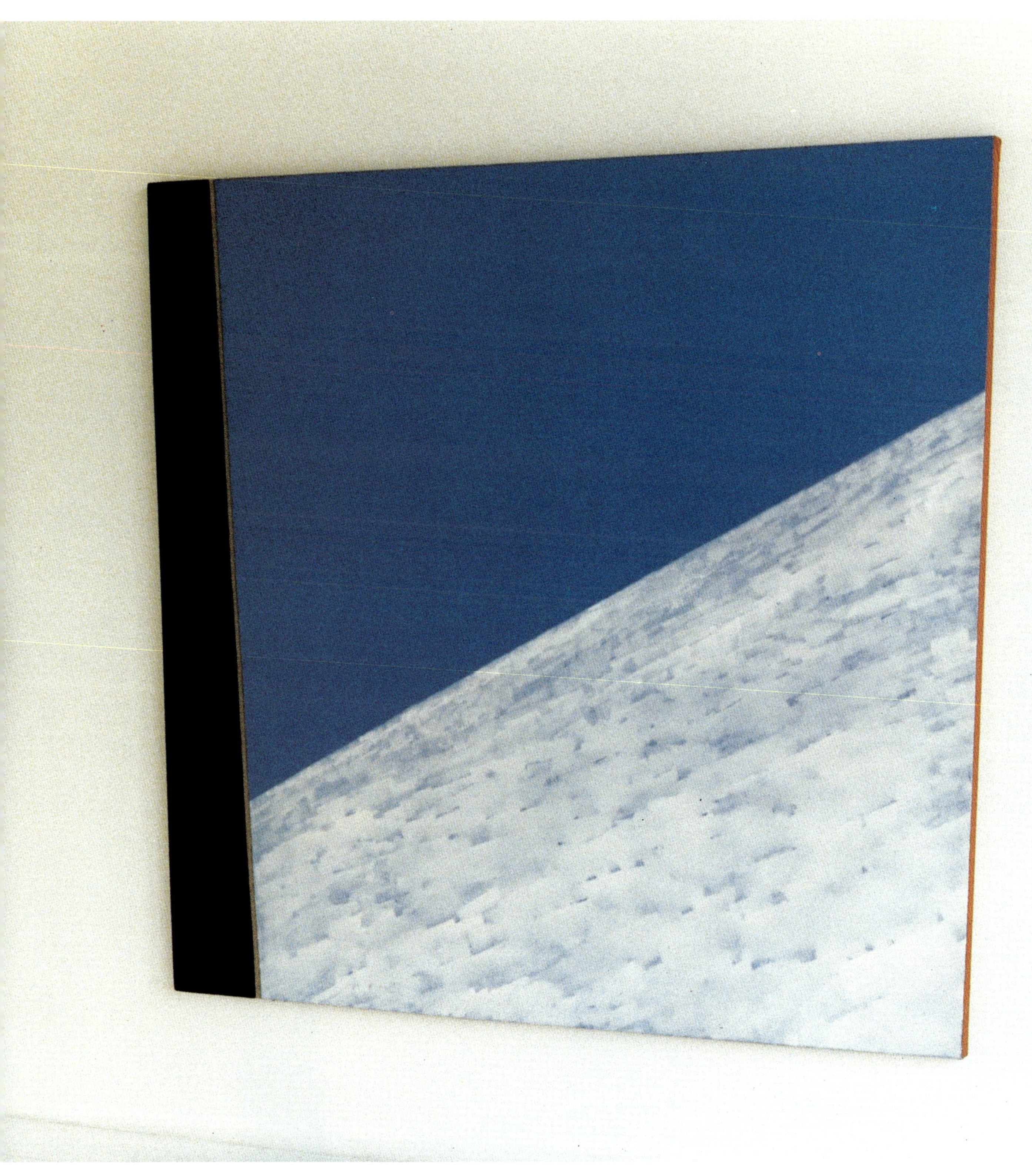

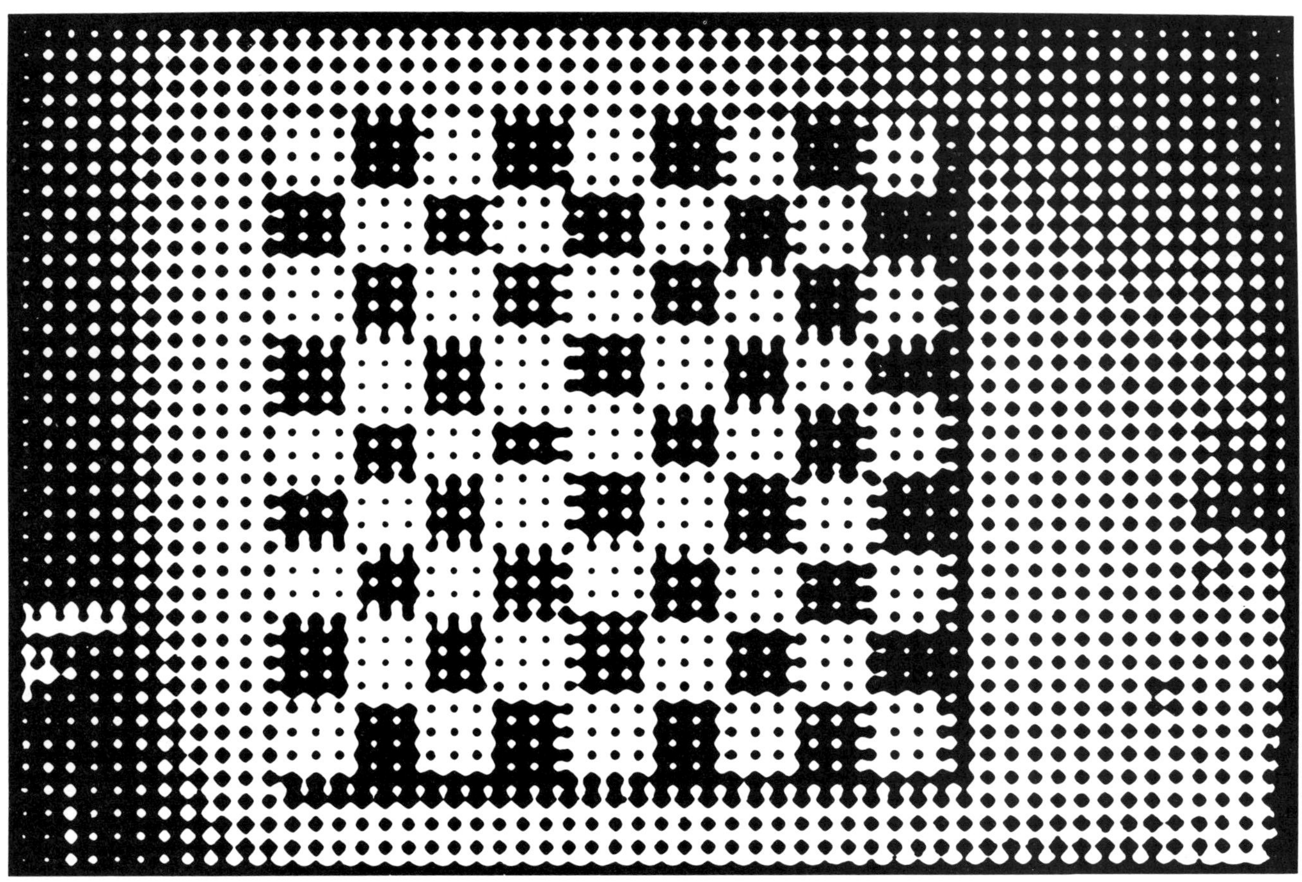

CHECKERBOARD GRID

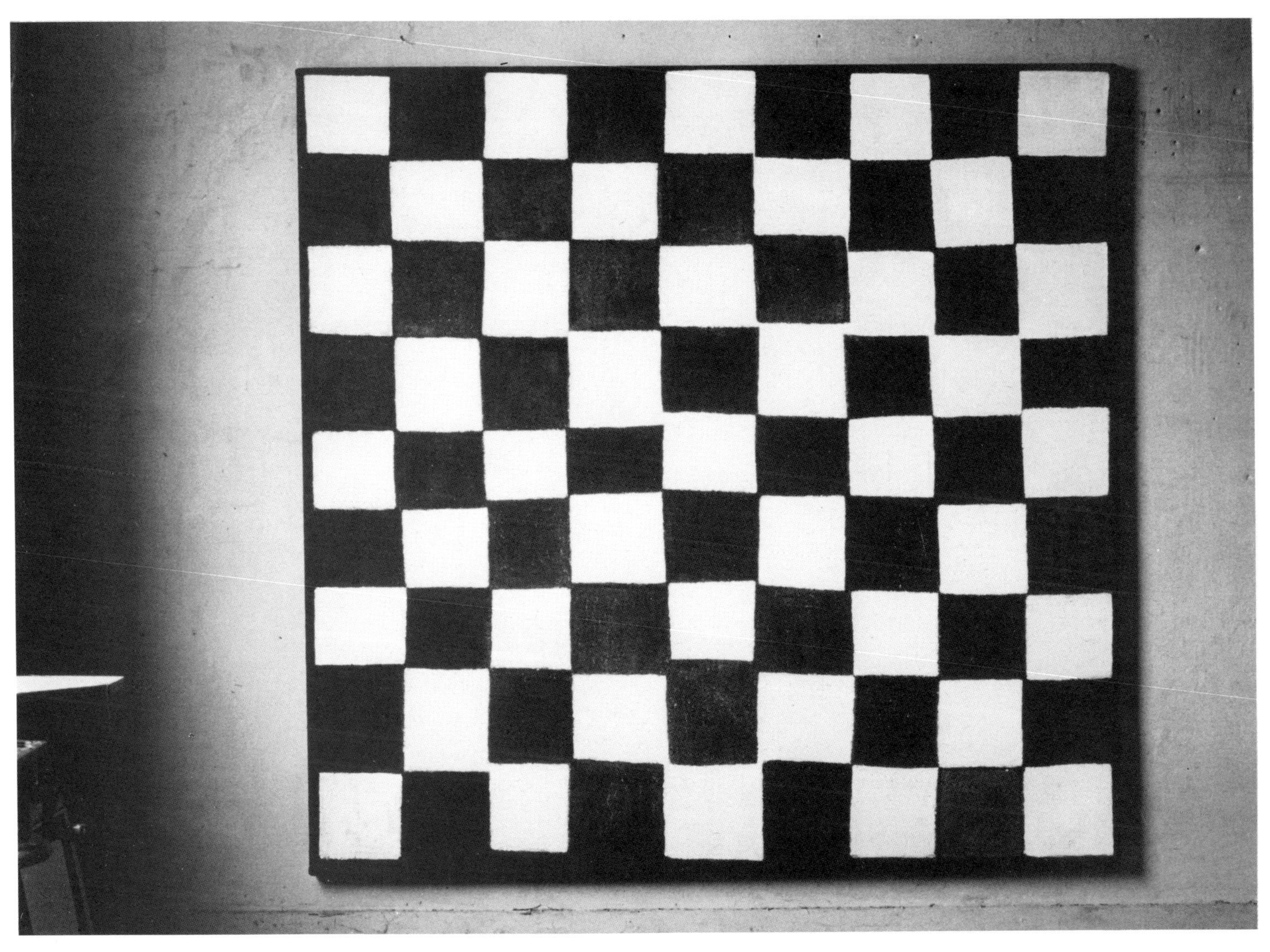

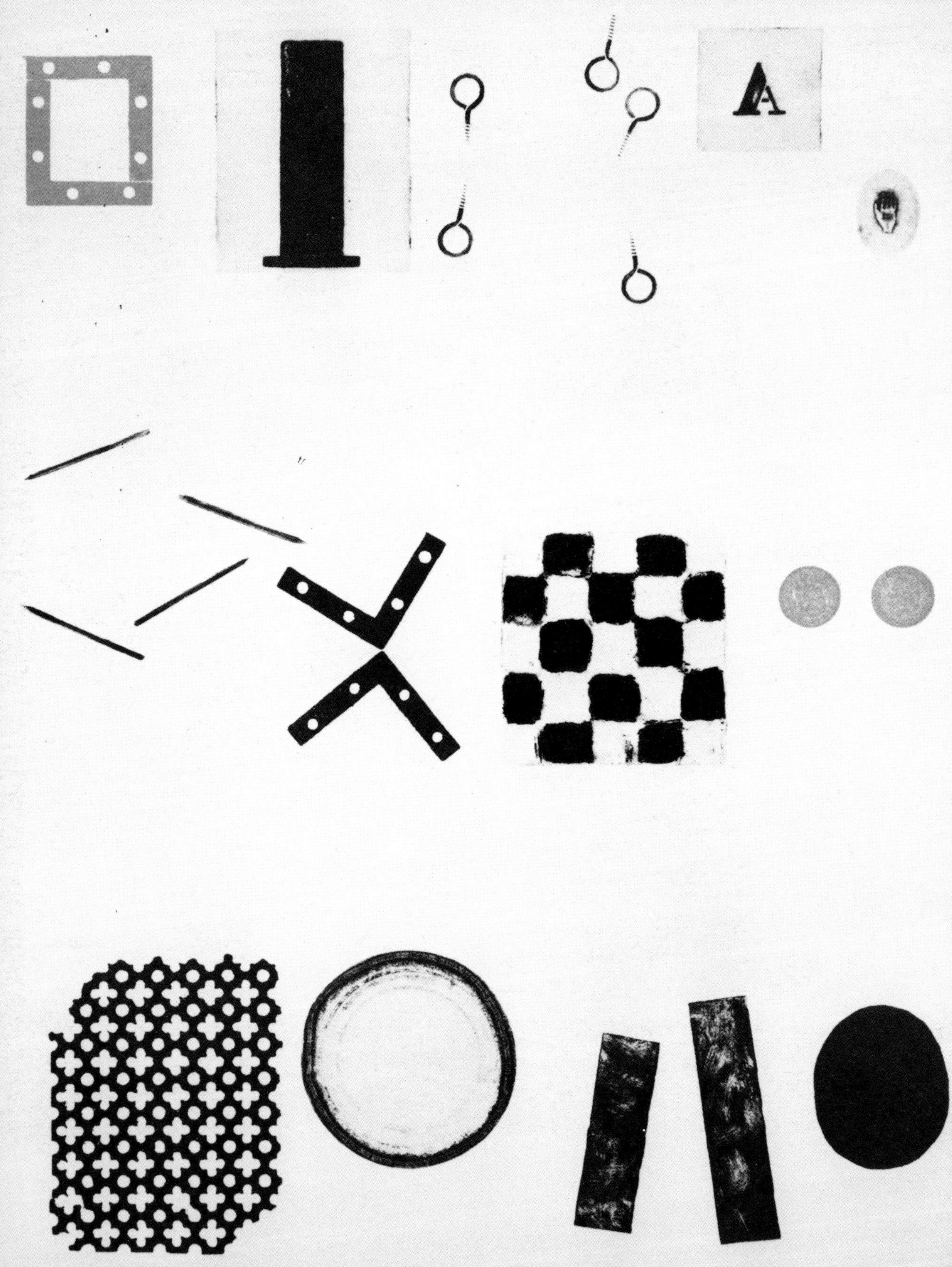

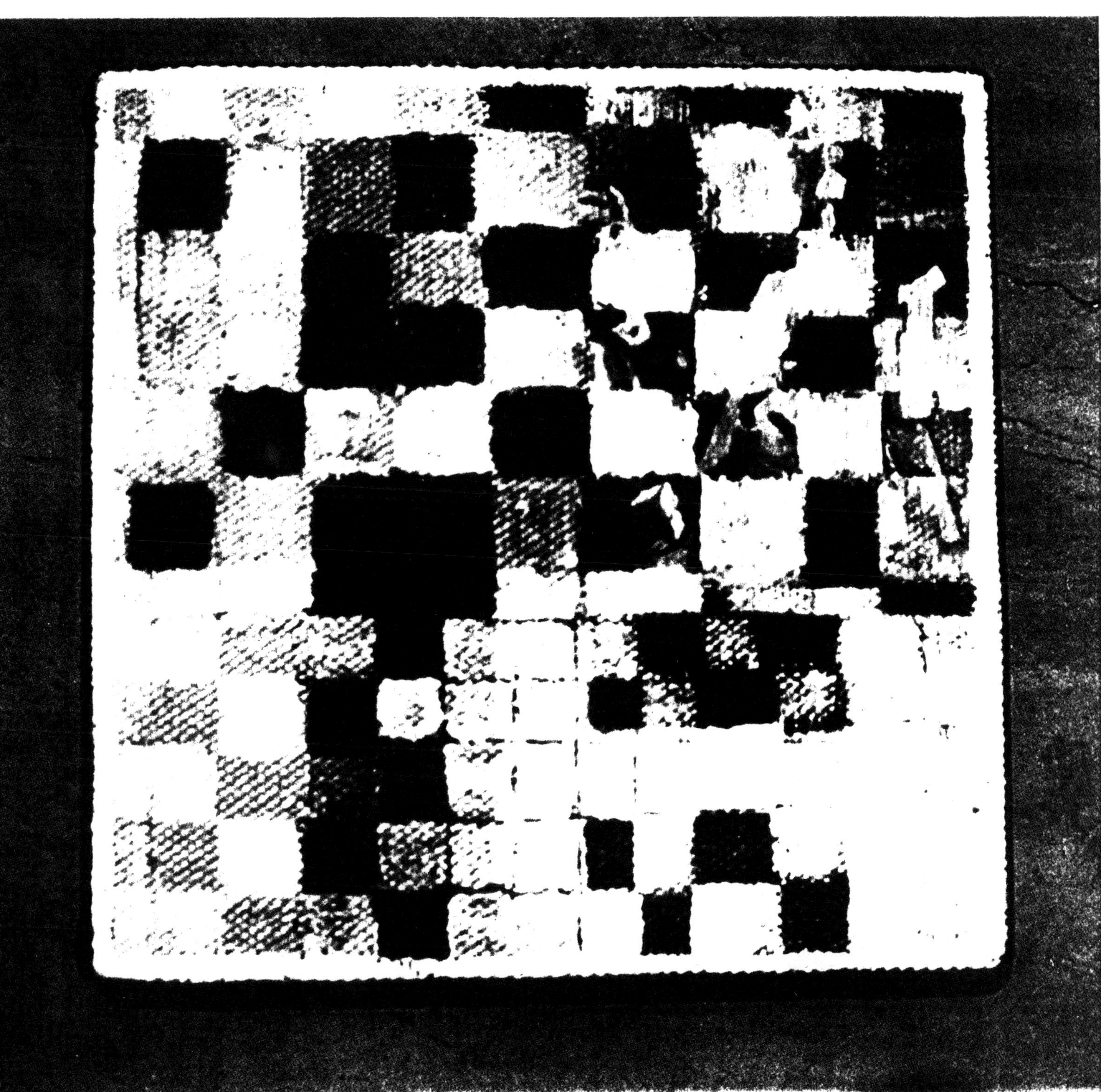

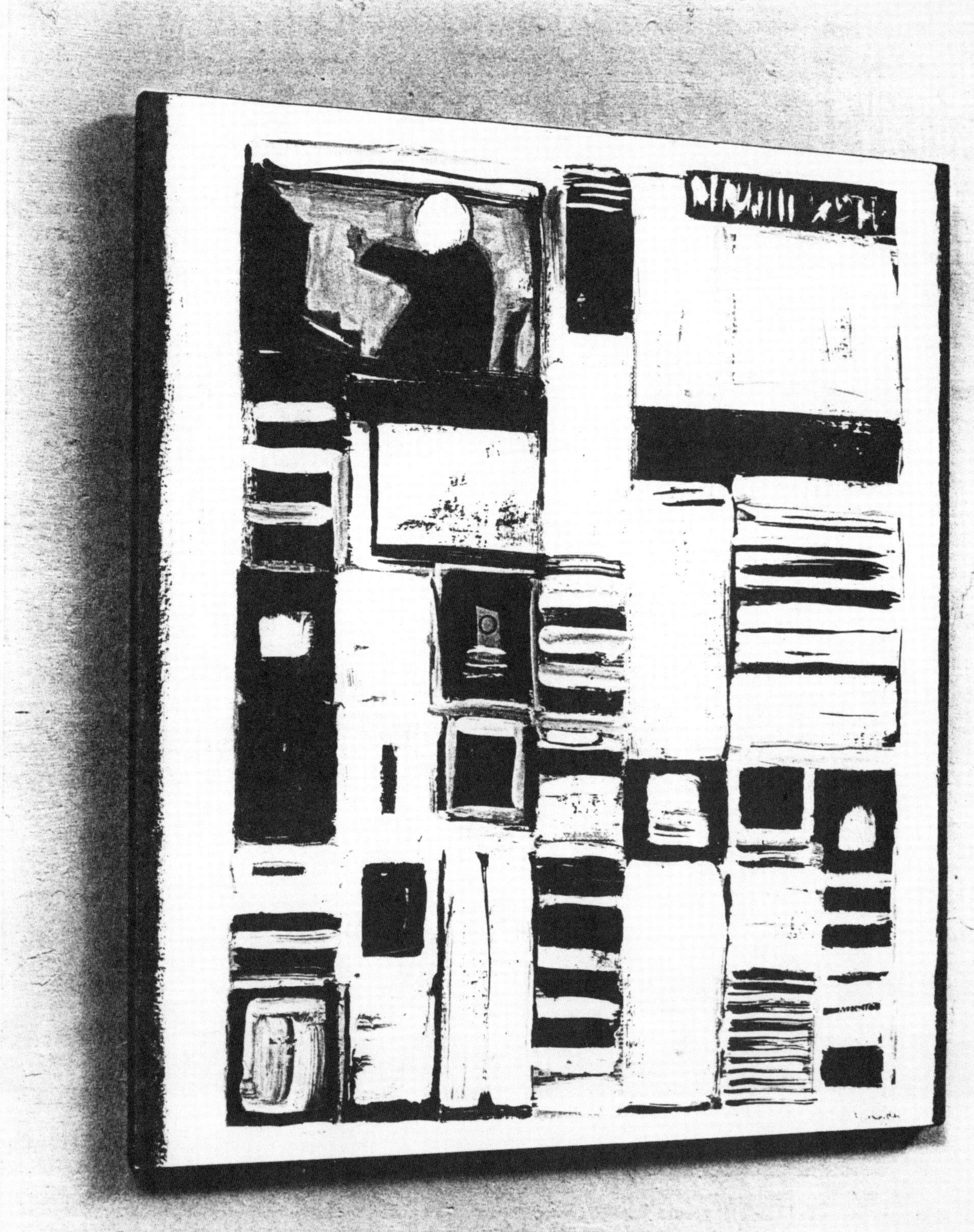

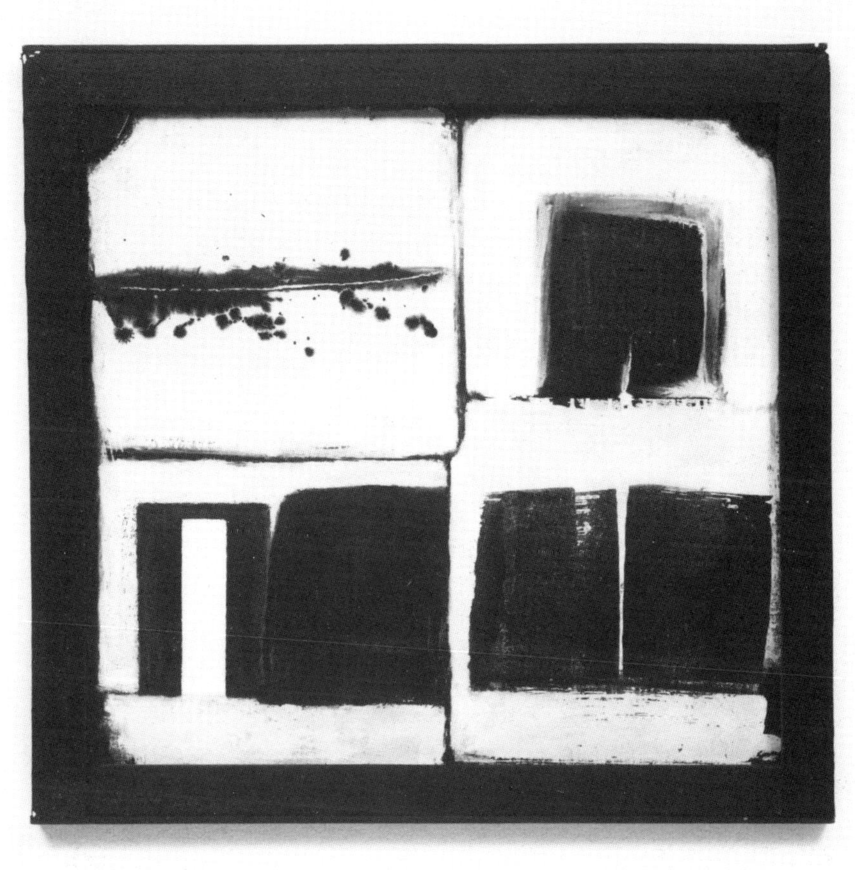

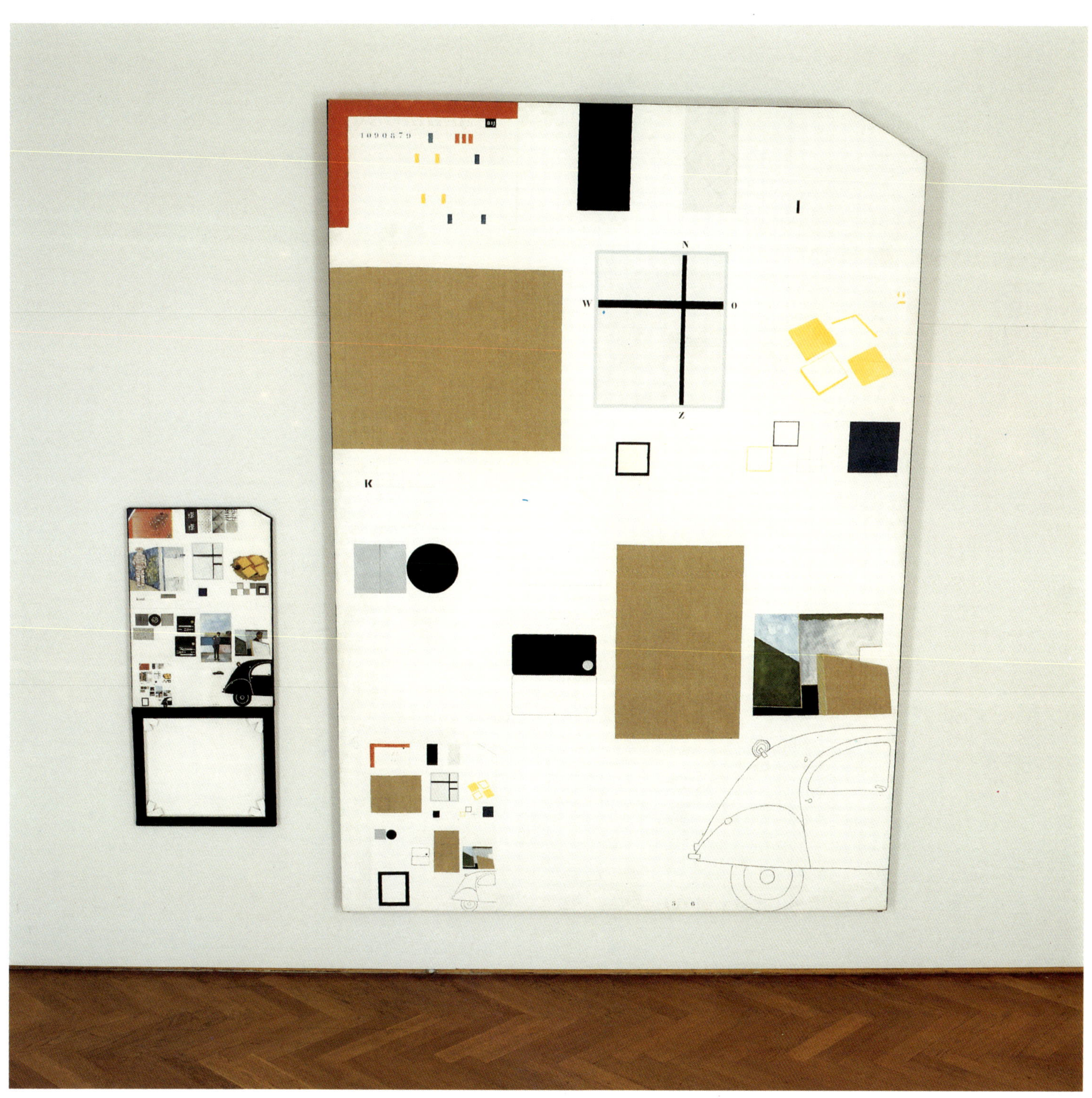

EXPOSITION
1966

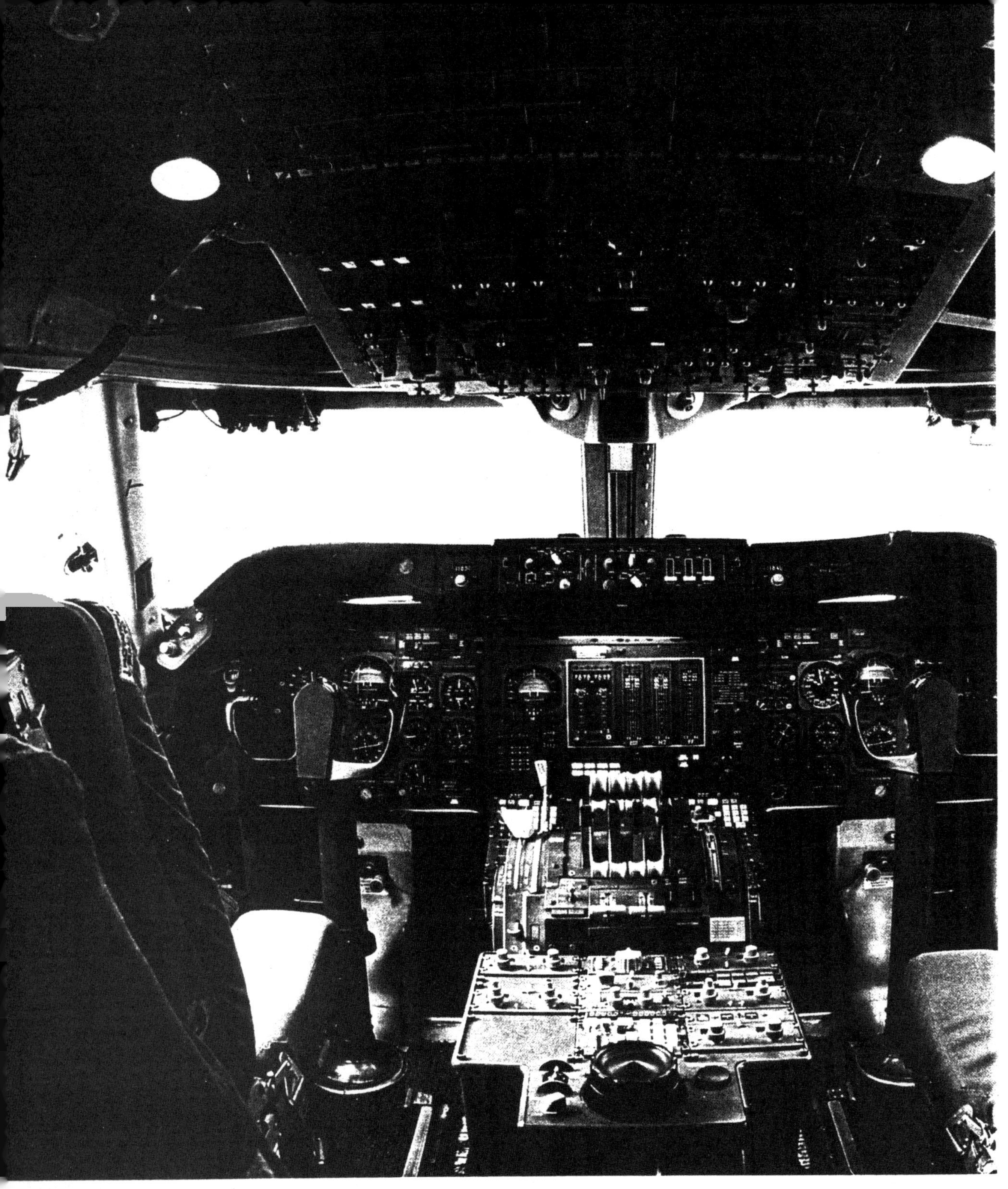

Simultaneous display

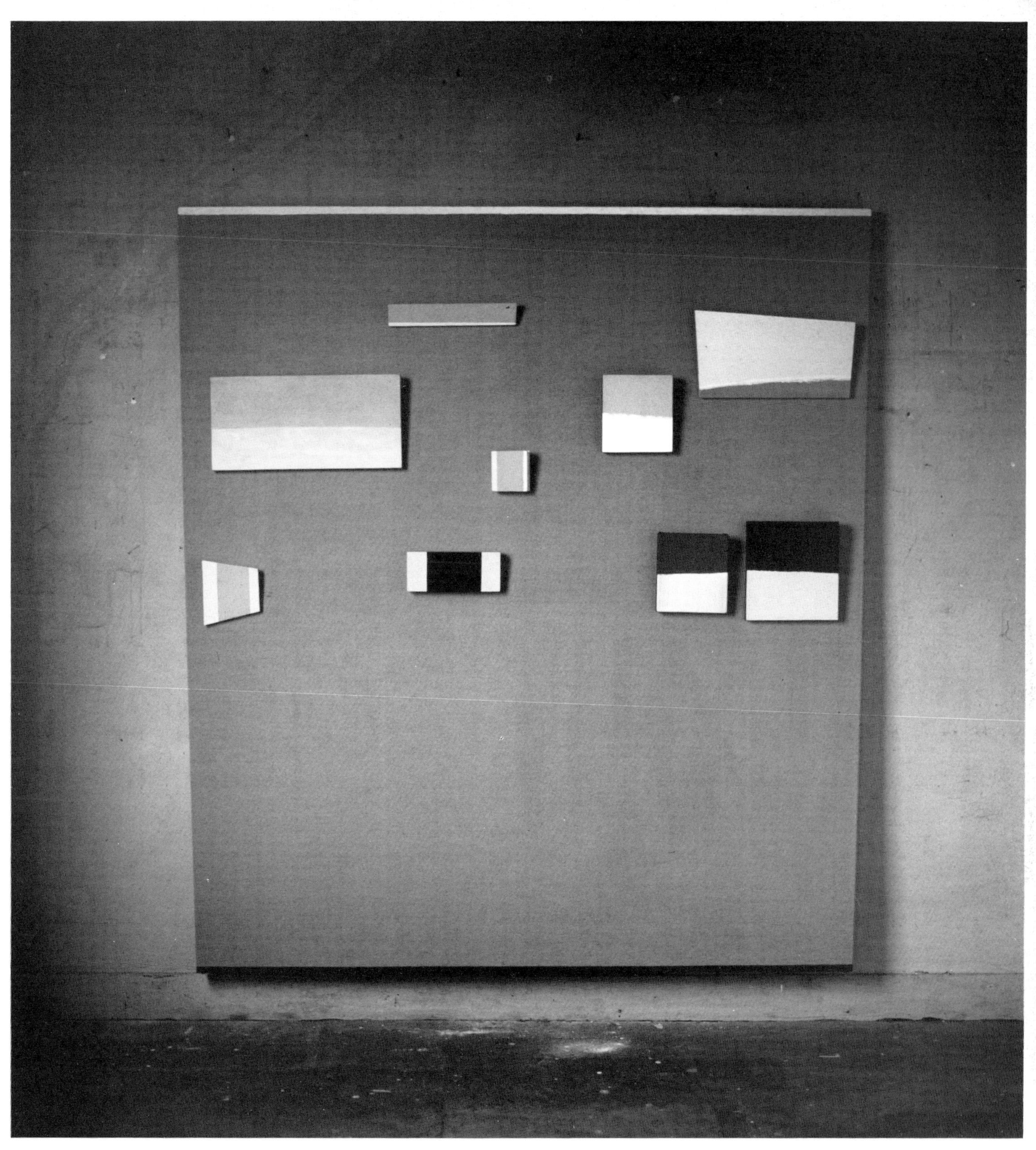

JUXTAPOSED SIMULTANEOUS
1981

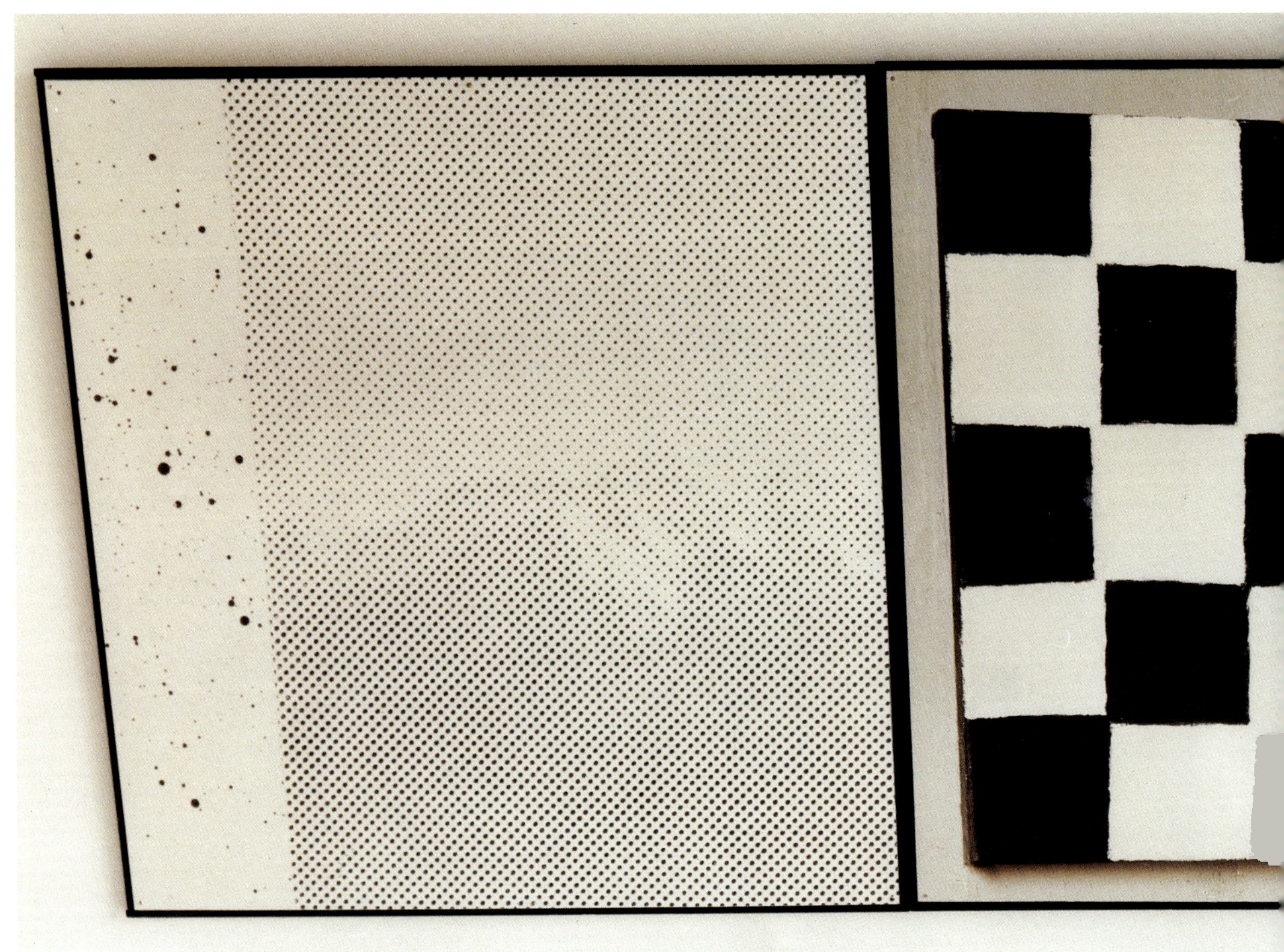

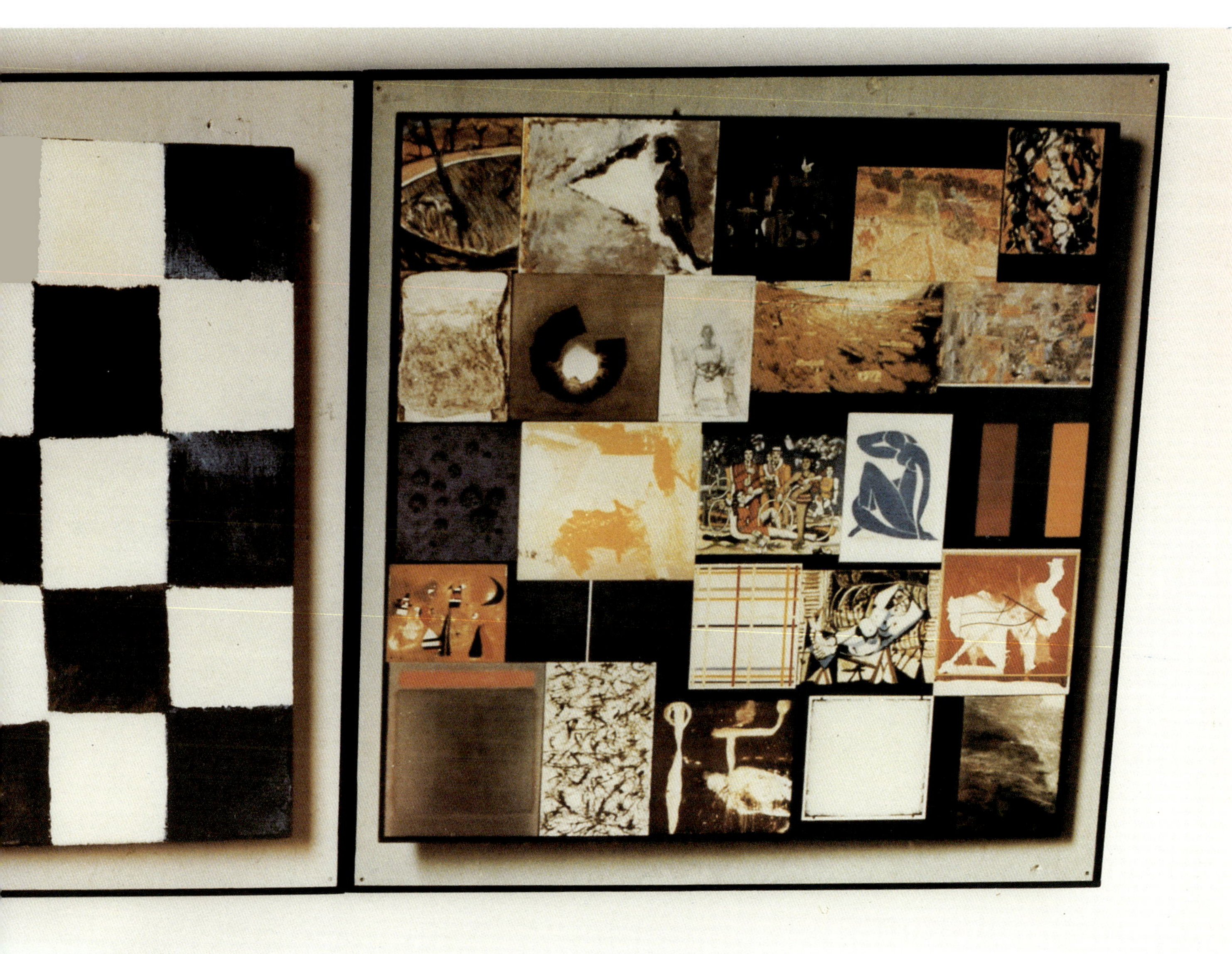

INTRODUCTION TO COMPLEXITY
100 x 300 cm
1987

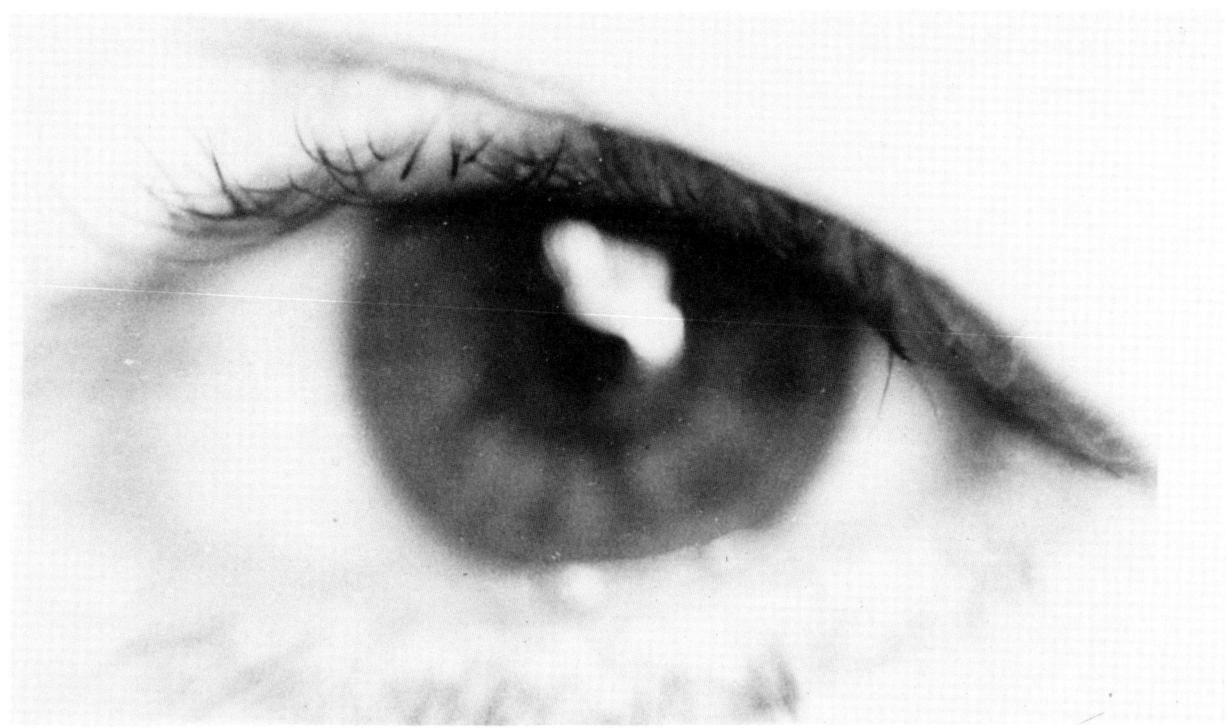

DE OGEN ZIJN WAARSCHIJNLIJK ANDERHALF
MILJARD JAAR GELEDEN ONTSTAAN ALS EEN
KLEIN VLEKJE MET LICHTGEVOELIGE
CELLEN WAAROVER DE HUID EEN LENS IS
GAAN VORMEN.

HONDERDVIJFTIG JAAR GELEDEN VONDEN
FOX TALBOT EN EEN SCHILDER DIE
DAGUERRE HEETTE EEN LICHTGEVOELIGE
PLAAT UIT DIE ZIJ KONDEN FIXEREN.
SINDSDIEN IS HET BEELD UIT DE MACHINE
GAAN CONCURREREN MET HET GESCHILDERDE
BEELD EN IS HET MACHINALE BEELD
STEEDS VERDER UITGEGROEID TOT EEN
OVERAL AANWEZIG ELEKTRONISCH BEELD.

MAAR WAT ZIET EEN VLIEG DIE OVER EEN
BEELDSCHERM LOOPT? WAT ZIEN VLIEGEN
EIGENLIJK DOOR HUN ZESHOEKIG
GESTRUCTUREERDE OGEN.
HET SCHIJNT DAT DE WERELD ER VOOR EEN
VLIEG ALS EEN VERGROTE KRANTEFOTO
UITZIET, ALS EEN RASTER DUS.

OP TIEN KILOMETER HOOGTE TUSSEN
MADRAS EN BOMBAY, KEEK IK UIT HET
VLIEGTUIGRAAM NAAR DE TALLOZE DORPEN,
TERWIJL EEN VLIEG STEEDS OP EN NEER
BLEEF VLIEGEN EN TENSLOTTE OP HET
GLAS VAN MIJN HORLOGE GING ZITTEN.

DE HORIZON OF GEZICHTSEINDER IS DE
UITERSTE BEGRENZING VAN WAT HET OOG
NOG JUIST KAN WAARNEMEN, ALTIJD OP
DEZELFDE HOOGTE ALS HET EIGEN OOG.
MAAR OP ZIJN HOOGST IS HET EEN
GERICHTHEID VAN DE BLIK EN
UITEINDELIJK SCHEPT EEN MENS DATGENE
WAAROP HIJ ZIJN BLIK GERICHT HOUDT.
HET SCHEPPEN VAN RUIMTE GAAT SAMEN
MET UITBREIDING VAN BEWUSTZIJN.
BEWUSTWORDING SCHEPT ZIJN EIGEN
OMGEVING.

THE EYE PROBABLY DEVELOPED ONE AND A
HALF BILLION YEARS AGO AS A TINY
CLUSTER OF PHOTO-SENSITIVE CELLS OVER
WHICH THE SKIN FORMED A LENS.

A HUNDRED AND FIFTY YEARS AGO FOX
TALBOT AND A PAINTER CALLED DAGUERRE
INVENTED A PHOTO-SENSITIVE PLATE
WHICH COULD BE FIXED. EVER SINCE,
THE MACHINE-PRODUCED IMAGE HAS
COMPETED WITH THE PAINTED IMAGE, THE
MACHINE IMAGE HAVING DEVELOPED
CONTINUOUSLY INTO AN OMNIPRESENT
ELECTRONIC IMAGE.

BUT WHAT DOES A FLY CRAWLING OVER A
TELEVISION SCREEN SEE? WHAT DO FLIES
SEE AT ALL THROUGH THEIR HEXAGONALLY
STRUCTURED EYES? IT SEEMS THAT THE
WORLD LOOKS LIKE AN ENLARGED
NEWSPAPER PHOTO TO A FLY, LIKE A
GRID.

TEN KILOMETRES UP IN THE SKY, BETWEEN
MADRAS AND BOMBAY, I LOOKED DOWN FROM
THE AEROPLANE WINDOW AT THE COUNTLESS
VILLAGES, WHILE A FLY KEPT BUZZING
AROUND, FINALLY ALIGHTING ON MY
WATCHGLASS.

THE HORIZON OR SKYLINE IS THE
FURTHERMOST LIMIT OF WHAT THE EYE CAN
STILL JUST DISCERN, ALWAYS AT THE
SAME HEIGHT AS ONE'S EYE. BUT AT ITS
HIGHEST IT IS WHAT THE EYE FOCUSES
ON, AND ULTIMATELY A PERSON CREATES
THAT ON WHICH HIS EYE IS FOCUSED.
CREATING SPACE GOES HAND IN HAND WITH
EXPANDING CONSCIOUSNESS. GROWING
CONSCIOUSNESS CREATES ITS OWN
ENVIRONMENT.

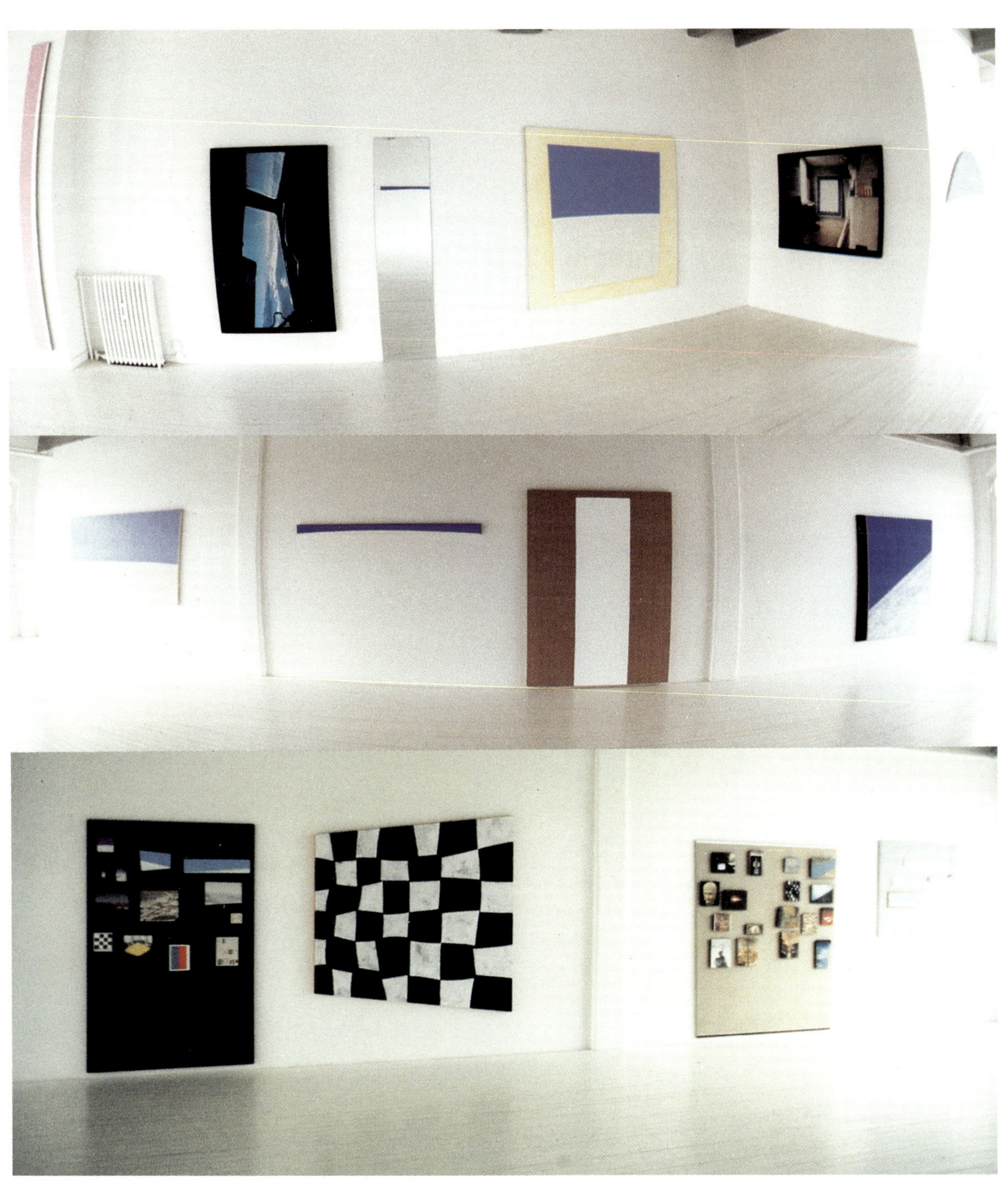

Galerie Van Gelder, Amsterdam
1986 – 1988

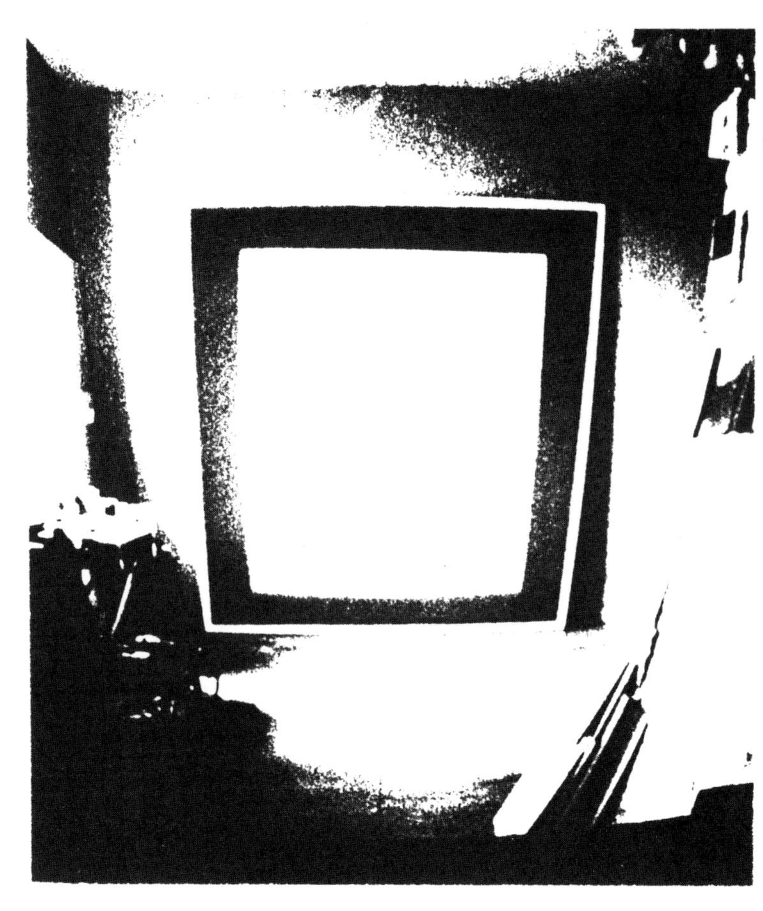

MIJN SCHILDERIJEN ZIJN EVENREDIG AAN
DE FOTO'S DIE IK MAAK. MIJN FOTO'S
ZIJN GEEN VOORAFGAANDE WAARNEMINGEN
VOOR HET SCHILDEREN. HET IDEE IS
ALTIJD HET EERST, JE ZIET ALLEEN WAT
JE INTERESSEERT.
OOK WORDT HET OOG VOORTDUREND
BEÏNVLOED DOOR WAT HET NIET KAN
WAARNEMEN.

JAREN GELEDEN HEB IK GEPROBEERD EEN
'VRIJGELATEN' RUIMTE TE SCHILDEREN,
BEGRENSD DOOR EEN KADER VAN ZWART OF
GEEL EN LATER OOK BLAUW. HET KADER
LIJKT DE BEGRENZING VAN IETS DAT ER
NIET IS, EEN VOORSTELLING VAN EEN
MOGELIJKE WERKELIJKHEID, EEN
TRANSPARANT VERGEZICHT, OF ALLEEN
MAAR WEERKAATSEND LICHT.

OOK IN HET HIMALAYA-BOEK (1981) ZIJN
ER VAN DE 90 BLADZIJDEN 64 LEEG
GEBLEVEN; DAAR IS NIETS AFGEBEELD OF
GESCHREVEN. ZIJ VORMEN SLECHTS DE
RUIMTE DIE ANALOOG IS AAN 'TIJD',
ZOALS OOK VOOR HET LEZEN VAN EEN
TEKST OF VAN MUZIEK 'TIJD' NODIG IS.
OP DE WITTE BLADZIJDEN REFLEKTEERT
HET LICHT, ZOALS DE SNEEUW IN HET
HOOGGEBERGTE DAT DOET.

WIJ BELEVEN ALLES IN STUKJES - HET
BEWUSTZIJN KNIPT STUKJES UIT DE
TIJD - EN TRACHTEN VERBANDEN TE
LEGGEN, HET ENE FRAGMENT MET HET
ANDERE TE VERBINDEN.
SINDS DE UITVINDING VAN DE FILM-
MONTAGE, KAN DOOR OPEENVOLGING ELK
BEELD MET ELK ANDER BEELD IN VERBAND
WORDEN GEBRACHT. OOK MEERDERE
SCHILDERIJEN KUNNEN ALS OPEENVOLGENDE
BEWUSTZIJNSFRAGEMENTEN WORDEN
WAARGENOMEN.

HET LAATSTE BOEK VAN JAMES JOYCE,
'FINNEGANS WAKE', IN 1939, KORT VOOR
ZIJN DOOD UITGEGEVEN, IS GEBASEERD OP
EEN IERS VOLKSVERHAAL VAN DE DODE
DRONKAARD TIM FINNEGAN, DIE DOOR
RONDSPATTENDE WHISKEY WEER TOT LEVEN
KOMT. DE VOLLEDIGE BETEKENIS VAN HET
BOEK ZOU ALLEEN DOOR EEN IDEALE LEZER
KUNNEN WORDEN VERSTAAN.
DOOR DE CYCLISCHE OPBOUW VAN HET BOEK
KAN DIE LEZER DE BETEKENISSEN ONDER
TELKENS NIEUWE ASPECTEN ZIEN. JOYCE
GELOOFDE IN HET SAMENVALLEN VAN
TEGENSTELLINGEN, WAARDOOR MINSTENS
TWEE BETEKENISSEN ONTSTAAN.

VOLGENS MIJ IS HET MOGELIJK TE
SPREKEN VAN EEN WERELD DIE ZICH
SPIRAALSGEWIJS ONTROLT EN DAARDOOR
TELKENS ANDERE GEGEVENS LAAT ZIEN,
ANDERE KWALITEITEN, SCHIJNBAAR
DEZELFDE, MAAR IN OPVOLGENDE NIVEAUS.

ONS VERMOGEN TOT AANDACHT WORDT
VEROORZAAKT DOOR EEN OORSPRONKELIJKE
ENERGIE.
ALS HET VERMOGEN OM TE DENKEN EN TE
SPREKEN EEN OPMERKELIJK VERMOGEN IS,
DAN IS HET VERMOGEN TOT NIÉT DENKEN
OF SPREKEN NOG OPMERKELIJKER.
STILTE.

ZIEN IS EEN HERSENAKTIVITEIT DIE
GELIJKWAARDIG IS AAN DENKEN EN AAN
HOREN.
SNELLE TOT ZEER SNELLE WAARNEMING EN
HET ZIEN VAN VERBANDEN LIJKT NOG DE
ENIGE MANIER OM TE KIJKEN EN TE ZIEN
ALS HET OM DE KWALITEIT VAN
HOEVEELHEID GAAT.

MY PAINTINGS ARE COMMENSURATE WITH
THE PHOTOS I TAKE. MY PHOTOS ARE NOT
PRIOR OBSERVATIONS FOR PAINTING. THE
IDEA ALWAYS COMES FIRST. YOU ONLY
SEE WHAT INTERESTS YOU.
THE EYE IS ALSO CONSTANTLY INFLUENCED
BY WHAT IT CANNOT SEE.

YEARS AGO I TRIED TO PAINT A 'FREE'
SPACE, CONTAINED IN A BORDER OF BLACK
OR YELLOW AND LATER BLUE. THE
FRAMEWORK SEEMS TO CONTAIN SOMETHING
NOT THERE, A REPRESENTATION OF A
POSSIBLE REALITY, A TRANSPARENT
VISTA, OR JUST REFLECTED LIGHT.

IN MY HIMALAYA BOOK (1981), TOO, 64
ON THE 90 PAGES ARE BLANK; NOTHING IS
DEPICTED OR WRITTEN ON THEM. THEY
MERELY FORM A SPACE WHICH IS ANALOGUE
TO 'TIME', JUST AS YOU NEED 'TIME' TO
READ A TEXT OR MUSIC. ON THE WHITE
PAGES THE LIGHT IS REFLECTED, LIKE
SNOW ON THE MOUNTAINS.

WE EXPERIENCE EVERYTHING IN BITS AND
PIECES (CONSCIOUSNESS SNIPS FRAGMENTS
OUT OF TIME) AND TRY TO ESTABLISH
CONTEXTS, TO LINK ONE FRAGMENT WITH
ANOTHER.
SINCE THE INVENTION OF FILM EDITING,
IT IS POSSIBLE TO CONNECT EVERY IMAGE
WITH ANY OTHER IMAGE BY PLACING THEM
IN SUCCESSION. SEVERAL PAINTINGS,
TOO, CAN BE SEEN AS SUCCESSIVE
FRAGMENTS OF CONSCIOUSNESS.

JAMES JOYCE'S LAST BOOK, 'FINNEGANS
WAKE', PUBLISHED IN 1939, SHORTLY
BEFORE THE AUTHOR'S DEATH, IS BASED
ON AN IRISH FOLK TALE OF THE DRUNKARD
TIM FINNEGAN, WHO HAS DIED AND IS
BROUGHT BACK TO LIFE BY WHISKEY
SPLASHING ALL OVER THE PLACE. ONLY
AN IDEAL READER WOULD BE ABLE TO
FULLY UNDERSTAND THE BOOK. ITS
CYCLICAL CONSTRUCTION ENABLES THE
READER TO SEE THE MEANINGS UNDER NEW
ASPECTS EACH TIME ROUND. JOYCE
BELIEVED IN THE COINCIDENCE OF
OPPOSITES, PRODUCING AT LEAST TWO
MEANINGS.

IN MY OPINION IT IS POSSIBLE TO SPEAK
OF A WORLD IN WHICH SEVERAL CODES ARE
CONCENTRATED, OF A WORLD WITH A
SPIRAL DEVELOPMENT SHOWING DIFFERENT
THINGS AT EVERY TURN, OTHER
QUALITIES, SEEMINGLY THE SAME, BUT AT
SUCCESSIVE LEVELS.

OUR CAPACITY FOR ATTENTION IS CAUSED
BY AN ORIGINAL ENERGY.
IF OUR CAPACITY TO THINK AND SPEAK IS
A REMARKABLE CAPACITY, THE CAPACITY
NOT TO THINK OR SPEAK IS EVEN MORE
REMARKABLE.
SILENCE.

SEEING IS A MENTAL ACTIVITY ON AN
EQUAL FOOTING WITH THINKING AND
HEARING.
PERCEIVING THINGS FAST OR VERY FAST
AND SEEING CONNECTIONS STILL SEEMS
THE ONLY WAY TO LOOK AND TO SEE WHEN
IT COMES TO THE QUALITY OF QUANTITY.

EEN TENTOONSTELLING IS ALTIJD ZEER
COMPLEX.
BIJ EEN VOLLEDIGE WISSELWERKING VAN
VERBINDINGEN WORDT EEN
TENTOONSTELLING VERGELIJKBAAR MET EEN
KUNSTWERK.

BEELDENDE KUNST VERSCHIJNT AAN ONS
STEEDS MEER ALS EEN REPRODUKTIE-
WERELD, GEEN DENKBEELDIG MUSEUM, MAAR
EEN CONCRETE DUBBELWERELD, EEN
VOORTDUREND PLAY-BACK VERSCHIJNSEL IN
BOEKEN EN CATALOGI, OP POSTCARDS,
DIA'S EN OP ELEKTRONISCHE BEELDEN.

"ER ZAL ZEKER OP 'N DAG EEN
WETENSCHAP ONTSTAAN DIE ZICH MET DE
CREATIEVE MENS BEZIG HOUDT, OM NIEUWE
INZICHTEN OVER DE MENS IN 'T ALGEMEEN
TE VERWERVEN." [1]

"HET ENE OOG IS HET ANDERE NIET. HET
NETVLIES MAG DAN REGISTREREN, HET
ZIEN BEGINT PAS WANNEER DE HERSENEN
ER EEN BEELD VAN MAKEN. MAAR ALS
IEDEREEN UITEINDELIJK TOCH ZIJN EIGEN
BEELDEN MAAKT WAT KAN DAN EEN
BEELDEND KUNSTENAAR NOG DOEN?
JE BEWUST LATEN ZIJN DAT JE ZIET, HOE
JE ZIET, WAAROM JE HET ZO ZIET. HOE
HET PROCES VAN KIJKEN EN ZIEN IN Z'N
WERK GAAT, IN DE EERSTE PLAATS VIA
ZIJN EIGEN OGEN.
JE LEERT DAT JE GEDACHTEN REALITEIT
HEBBEN EN DAT JE DE WERKELIJKHEID DIE
JE KENT, ZELF SCHEPT." [2]

IK HEB NOOIT GEDACHT MIJN HELE LEVEN
KUNSTENAAR TE ZIJN OF TE BLIJVEN. IK
WILDE ME DE REST VAN MIJN LEVEN BEZIG
HOUDEN MET ANDERE DINGEN.

AAN DE ZEE, IN DE BERGEN OF IN DE
BOSSEN BLIJK IK HET BESTAAN VAN EEN
KUNSTWERELD TE VERGETEN EN ER OOK
GEEN BEHOEFTE AAN TE HEBBEN.

"WAT IK OP MIJN ZESTIGSTE WEET, WIST
IK AL OP MIJN TWINTIGSTE.
GEDURENDE VEERTIG JAAR NIETS DAN EEN
LANGDURIGE, OVERBODIGE CONTROLE.." [3]

DOOR EEN OVERMAAT AAN INFORMATIE
LIJKEN WIJ IN ENKELE JAREN TE
ERVAREN, WAAR VROEGER EEN HEEL LEVEN
VOOR NODIG WAS.
EN TOCH HEB JE MAAR WEINIG TE DOEN IN
JE LEVEN, MAAR 'N PAAR DINGEN, DIE
STEEDS TERUGKEREN.

AN EXHIBITION IS ALWAYS HIGHLY
COMPLEX.
WITH FULLY INTERACTIVE CONNECTIONS,
AN EXHIBITION IS COMPARABLE TO A WORK
OF ART.

ART APPEARS MORE AND MORE TO US AS A
WORLD OF REPRODUCTION, NOT AN
IMAGINARY MUSEUM BUT A CONCRETE
DOUBLE WORLD, A PERPETUAL PLAYBACK
PHENOMENON, IN BOOKS AND CATALOGUES,
ON POSTCARDS, SLIDES AND ELECTRONIC
IMAGES.

"ONE DAY THERE WILL SURELY BE A
SCIENCE PERTAINING TO THE CREATIVE
PERSON, IN ORDER TO ACQUIRE NEW
INSIGHTS ABOUT PEOPLE IN GENERAL." [1]

"NO TWO EYES ARE THE SAME. ALTHOUGH
THE RETINA REGISTERS THINGS, SEEING
ONLY BEGINS WHEN THE BRAIN MAKES AN
IMAGE OF THEM. BUT IF EVERYONE MAKES
HIS OWN IMAGES, WHAT IS LEFT FOR AN
ARTIST TO DO?
TO MAKE YOURSELF AWARE THAT YOU SEE,
HOW YOU SEE, WHY YOU SEE IT LIKE
THAT. HOW THE PROCESS OF LOOKING AND
SEEING REALLY WORKS, FIRST AND
FOREMOST THROUGH ONE'S EYES.
YOU LEARN THAT YOUR THOUGHTS POSSESS
REALITY AND THAT YOU YOURSELF CREATE
THE REALITY THAT YOU KNOW." [2]

I NEVER THOUGHT I WOULD GO ON BEING
AN ARTIST ALL MY LIFE. I WANTED TO
SPEND THE REST OF MY LIFE DOING OTHER
THINGS.

NEAR THE SEA, IN THE MOUNTAINS OR IN
THE WOODS I SEEM TO FORGET THAT THERE
IS A WORLD OF ART, NOR DO I MISS IT.

"WHAT I KNOW AT SIXTY, I ALREADY KNEW
AT TWENTY. FOR FORTY YEARS NOTHING
BUT SUSTAINED, SUPERFLUOUS
CONTROL..." [3]

DUE TO A SURPLUS OF INFORMATION WE
SEEM TO LEARN IN A FEW YEARS WHAT
FORMERLY TOOK US A WHOLE LIFETIME TO
LEARN.
AND YET WE DO NOT HAVE ALL THAT MUCH
TO DO IN OUR LIVES, ONLY A FEW
PERPETUALLY RECURRING THINGS.

1)   PABLO PICASSO

2)   ELS HOEK

3)   E.M. CIORAN

"HET GAAT NIET OM HET VERSCHIL IN
GESLACHT, MAAR OM HET VERSCHIL VAN
IK-HEDEN.
HET SAMEN LEVEN IS IETS HEEL
BIZONDERS. IN WERKELIJKHEID IS HET
COMPLETE 'ZIJN' DUBBEL OMDAT HET
BEWUSTZIJN VERDUBBELING
VERONDERSTELT; DAT IK TEGEN MEZELF
SPREEK, ANTWOORD GEEF, EEN TWEE-
EENHEID BEN." 4)

WIJ MAKEN ONDERSCHEID TUSSEN
WETENSCHAP EN KUNST, MAAR OP 'N
BEPAALDE MANIER ZOUDEN WE DAT NIET
MOETEN DOEN. HET ZIJN VERSCHILLENDE
MANIEREN VAN BENADERING.
DE WETENSCHAPPER HEEFT EEN
ANALYTISCHE METHODE EN DE KUNSTENAAR
EEN ONMIDDELLIJKE BENADERING DIE ER
HET TEGENDEEL VAN IS.
MAAR WANNEER DE RESULTATEN VAN KUNST
EN WETENSCHAP WORDEN VERGELEKEN ZIJN
DIE NIET ECHT VERSCHILLEND.

VRUCHTBARE GEDACHTEN ZIJN
BESMETTELIJK; 'N GEHEEL NIEUWE
EVOLUTIELEER.

HET OOG WORDT VOORTDUREND BEÏNVLOED
DOOR WAT HET NIET KAN WAARNEMEN (HET
OOG ZIET VANUIT HET BEWUSTZIJN).

"IT IS NOT THE DIFFERENCE IN SEX THAT
MATTERS, BUT THE DIFFERENCE IN
SELFHOODS.
COEXISTENCE IS SOMETHING VERY
SPECIAL. COMPLETE 'BEING' IS IN FACT
DOUBLE, BECAUSE CONSCIOUSNESS IMPLIES
DUPLICATION: THAT I SPEAK TO MYSELF,
ANSWER, AM TWO-IN-ONE." 4)

WE DISTINGUISH BETWEEN SCIENCE AND
ART, BUT IN A WAY WE OUGHT NOT TO.
THEY ARE DIFFERENT APPROACHES.
THE SCIENTIST HAS AN ANALYTICAL
METHOD AND THE ARTIST A DIRECT
APPROACH WHICH IS THE OPPOSITE.
BUT ON COMPARISON OF THE RESULTS OF
ART AND SCIENCE, THEY ARE NOT REALLY
DIFFERENT.

FRUITFUL IDEAS ARE CONTAGIOUS; AN
ENTIRELY NEW THEORY OF EVOLUTION.

THE EYE IS CONSTANTLY INFLUENCED BY
WHAT IT CANNOT PERCEIVE (THE
UNCONSCIOUS EYE).

4)   PAUL VALÉRY, 1920

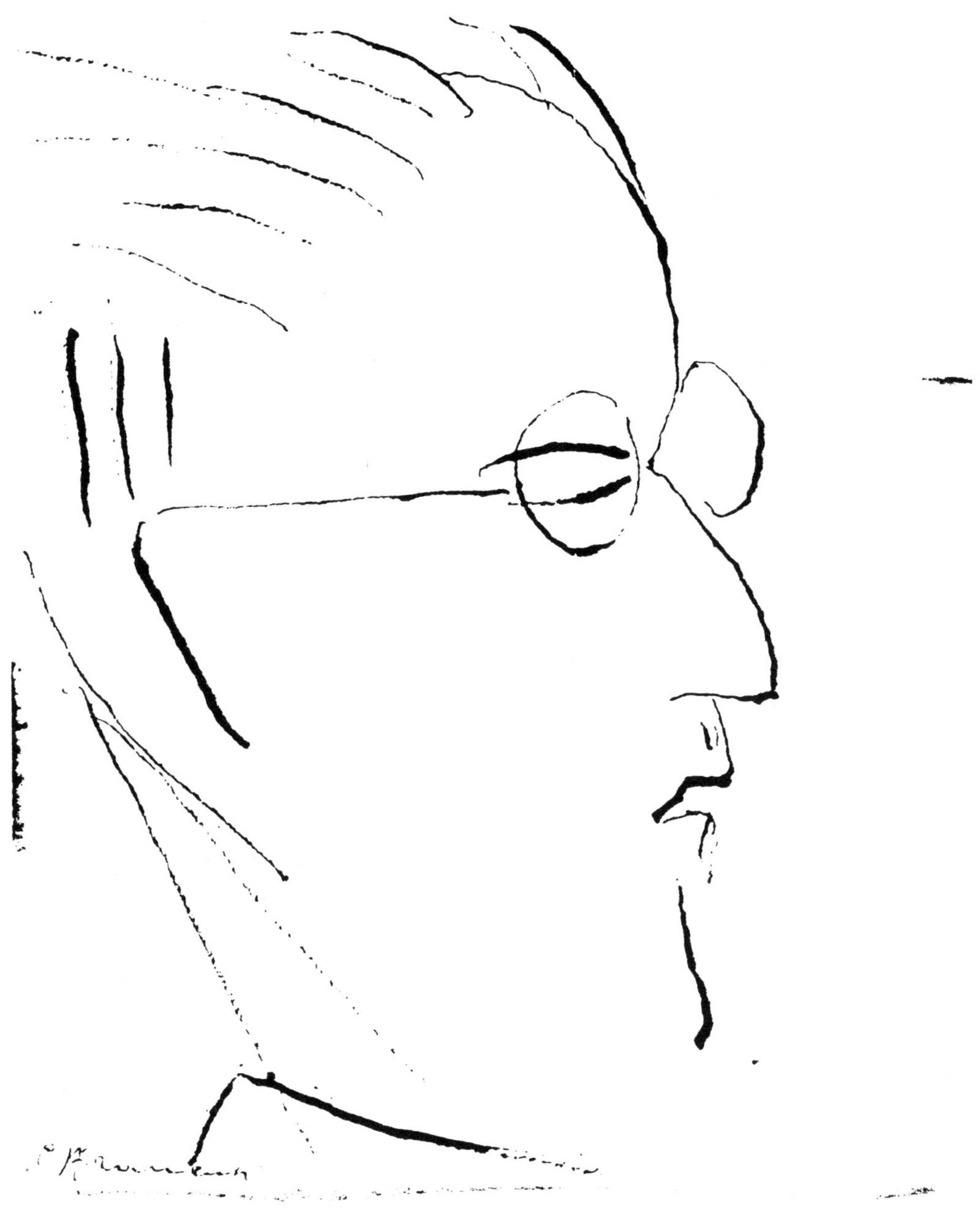

7   Constantin Brancusi: Bildnis von James Joyce, ca. 1925

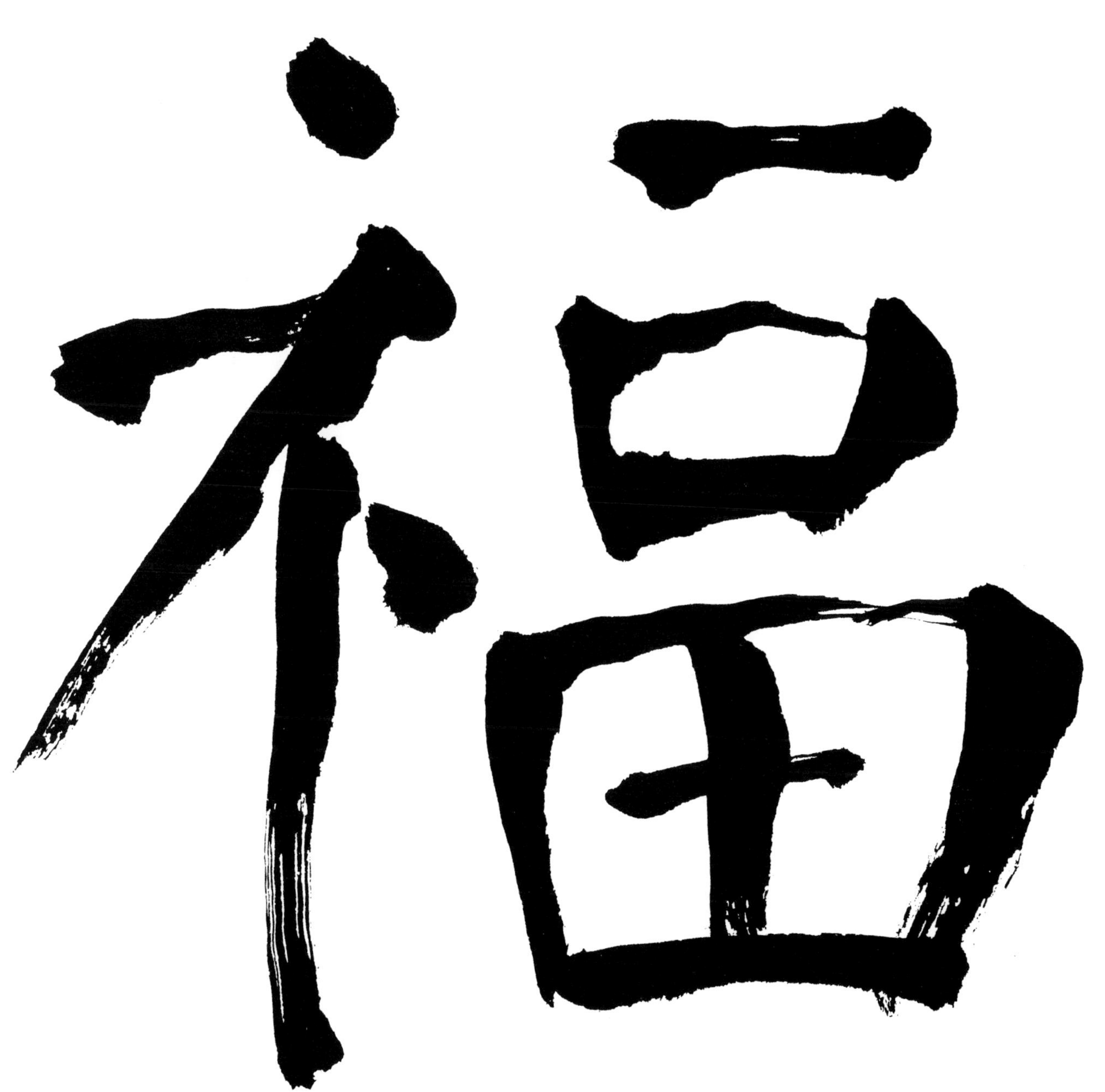

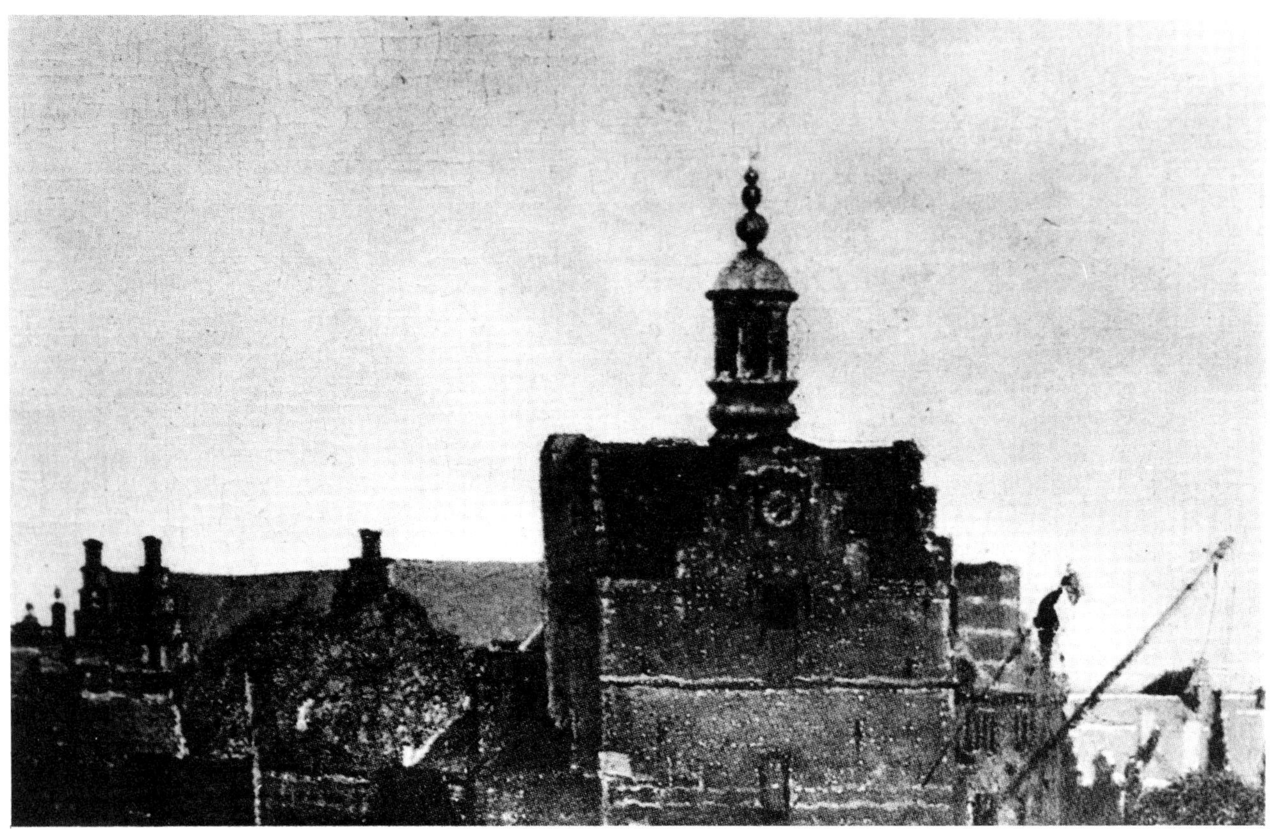

ER IS EEN VLINDER DIE ÉÉN MAAL IN DE
ZEVENTIEN JAAR ÉÉN DAG LEEFT,
VLIEGT, DANST, PAART, EITJES LEGT EN
TEGEN DE AVOND STERFT.
EITJES WORDEN RUPSEN IN COCON DIE IN
DE GROND ZEVENTIEN JAAR WACHTEN.

OP VERMEER'S SCHILDERIJ 'GEZICHT OP
DELFT' IS HET VOLGENS DE KLOK TIEN
OVER ZEVEN.

"DE ZINTUIGEN KUNNEN DE WERKELIJKHEID
ALLEEN BEETJE BIJ BEETJE WAARNEMEN EN
DUS LIJKT HET DAT HET ENE MOMENT KOMT
EN VOOR ALTIJD VERDWIJNT." 5)

DE ENIGE HERINNERING DIE MOET BLIJVEN
IS DIE VAN HET OORSPRONKELIJKE
VISIOEN.

"ONS LEVEN IS EVEN EINDELOOS ALS ONS
GEZICHTSVELD GRENZELOOS IS." 6)

"DE VERANDERENDE RELATIES VAN
MATERIE, RUIMTE, TIJD ZULLEN DE
KUNSTEN GRONDIG TRANSFORMEREN, DE
INVENTIVITEIT BEÏNVLOEDEN EN
WAARSCHIJNLIJK HET BEGRIP KUNST ZELF
GEHEEL VERANDEREN." 7)

"LEVEN IS WAARSCHIJNLIJK ROND",
SCHREEF VINCENT VAN GOGH.

TENSLOTTE HANDELEN EN DENKEN WIJ
ALLEMAAL VOLGENS HET NIVEAU VAN ONZE
INDIVIDUELE EVOLUTIE.

THERE IS A BUTTERFLY WHICH ONCE EVERY
SEVENTEEN YEARS LIVES FOR ONE DAY; IT
FLIES, DANCES, MATES, LAYS ITS EGGS
AND, TOWARDS THE EVENING, DIES.
EGGS BECOME CATERPILLARS IN A COCOON,
WAITING SEVENTEEN YEARS IN THE SOIL.

IN VERMEER'S 'VIEW OF DELFT' IT IS
TEN-PAST-SEVEN ACCORDING TO THE
CLOCK.

"THE SENSES CAN ONLY PERCEIVE REALITY
BIT BY BIT, AND IT THEREFORE SEEMS AS
THOUGH A MOMENT COMES AND DISAPPEARS
FOR EVER." 5)

THE ONLY MEMORY WHICH MUST REMAIN IS
THAT OF THE ORIGINAL VISION.

"OUR LIFE IS JUST AS ENDLESS AS OUR
FIELD OF VISION IS LIMITLESS." 6)

"THE CHANGING RELATIONSHIPS OF
MATTER, SPACE, TIME, WILL RADICALLY
TRANSFORM THE ARTS, INFLUENCE
INVENTIVITY AND PROBABLY TOTALLY
CHANGE THE VERY CONCEPT OF ART." 7)

"LIFE IS PROBABLY ROUND", VINCENT VAN
GOGH WROTE.

IN THE END WE ALL ACT AND THINK IN
ACCORDANCE WITH THE LEVEL OF OUR
INDIVIDUAL EVOLUTION.

5)   E.M. CIORAN
6)   L. WITTGENSTEIN
7)   PAUL VALÉRY, 1928

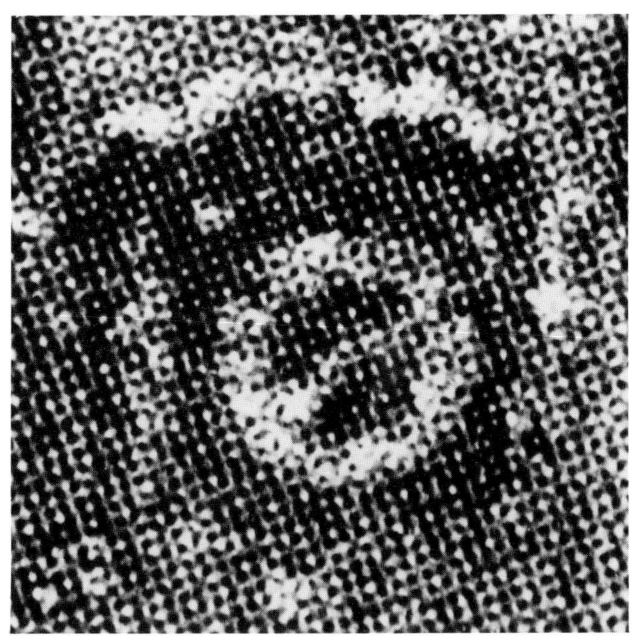

ONS TIJDSBESEF ZAL VERANDEREN, DE
NADRUK ZAL ZICH STEEDS MEER
VERPLAATSEN NAAR HET MOMENT.

"ZIJN ANTWOORDEN ZIJN NIET
PESSIMISTISCH. HIJ BEROOFT BEELDEN
NOOIT VAN HUN ADEM MAAR BLAAST ZE
NIEUW LEVEN IN. DAARMEE ONTMASKERT
VAN DER HEYDEN HET OOG VAN DE
KUNSTENAAR ALS DE CAMERA DER
CAMERA'S; HET NETVLIESBEELD ALS DE
MEEST PRIMAIRE VORM VAN REPRODUKTIE.
ZOALS DE FOTOGRAAF LICHT EN
LICHTINVAL BEPAALT, DE CAMERA INSTELT
EN RICHT, ZO KIEST DE SCHILDER ZIJN
KLEUREN, ZIJN TOETS (WOLKIG OF
MESSCHERP) EN HET FORMAAT VAN HET
DOEK. HIJ SCHILDERT NIET WAT HIJ
ZIET, MAAR ZIET WAT HIJ
SCHILDERT." 8)

WE WETEN NIET ZOVEEL OVER DE RELATIE
DIE ER BESTAAT TUSSEN FORMAAT EN HET
CONCEPT VAN RUIMTE.
VAN DE HEDENDAAGSE PHYSICA WETEN WE
VAN DE BIZONDERE RUIMTELIJKE RELATIE
TUSSEN DE ALLERKLEINSTE DEELTJES, DIE
OOK ZELF WEER HUN EIGEN RUIMTE
HEBBEN.
MAAR ER BLIJFT DE VRAAG:
HOE ZIT 'N GEHEEL IN EEN DEEL?

WAARNEMING HEEFT GEEN TIJD NODIG
ALLEEN DE REFLEXIE VAN EEN MOMENT.

IK ZIE MIJN WERK GRAAG ALS 'N PROCES
WAARIN ELK DING ZIJN EIGEN SPANNING
HEEFT.

BEWUSTWORDING SCHEPT VERBINDINGEN DIE
NOG NIET WERDEN GEZIEN.
ZODAT EEN NIEUWE GEÏNTENSIVEERDE
BETEKENIS BEREIKT KAN WORDEN VANUIT
FRAGMENTATIE.

DIT BOEK IS 'N BEELDVERHAAL VAN
FOTOTECHNISCHE EN DRUKTECHNISCHE
PRENTEN, MET TEKSTBEGELEIDING.

OUR SENSE OF TIME WILL CHANGE,
FOCUSING MORE AND MORE ON THE MOMENT.

"HIS ANSWERS ARE NOT PESSIMISTIC. HE
NEVER DEPRIVES IMAGES OF THEIR
BREATH, BUT BREATHES NEW LIFE INTO
THEM. IN DOING SO, VAN DER HEYDEN
UNMASKS THE ARTIST'S EYE AS THE
CAMERA OF CAMERAS; THE RETINAL IMAGE
AS THE MOST PRIMARY FORM OF
REPRODUCTION. JUST AS THE
PHOTOGRAPHER DECIDES WHAT LIGHT AND
INCIDENCE OF LIGHT TO USE, AND
ADJUSTS AND FOCUSES HIS CAMERA, THE
PAINTER CHOOSES HIS COLOURS, HIS
TOUCH (BLURRED OR RAZOR-SHARP) AND
THE SIZE OF HIS CANVAS. HE DOES NOT
PAINT WHAT HE SEES, BUT SEES WHAT HE
PAINTS." 8)

WE DO NOT KNOW VERY MUCH ABOUT THE
RELATIONSHIP BETWEEN FORMAT AND THE
CONCEPT OF SPACE.
FROM MODERN PHYSICS WE KNOW OF THE
SPECIAL SPATIAL RELATIONSHIP AMONG
THE TINIEST PARTICLES, WHICH IN TURN
HAVE THEIR OWN SPACE. BUT THE
QUESTION REMAINS: WHAT ABOUT THE
TOTAL IN THE PART.

PERCEPTION NEEDS NO TIME, ONLY THE
REFLECTION OF A MOMENT.

I LIKE TO REGARD MY WORK AS A PROCESS
IN WHICH EVERYTHING HAS ITS OWN
TENSION.

AWARENESS FORGES PREVIOUSLY UNSEEN
LINKS.
SO THAT A NEW, INTENSIFIED MEANING
CAN BE OBTAINED FROM FRAGMENTATION.

THIS BOOK IS A VISUAL RECORD OF
PHOTOGRAPHIC AND TYPOGRAPHIC PICTURES
WITH ACCOMPANYING TEXTS.

8)   ELS HOEK

J.C.J. van der Heyden

J.C.J. van der Heyden

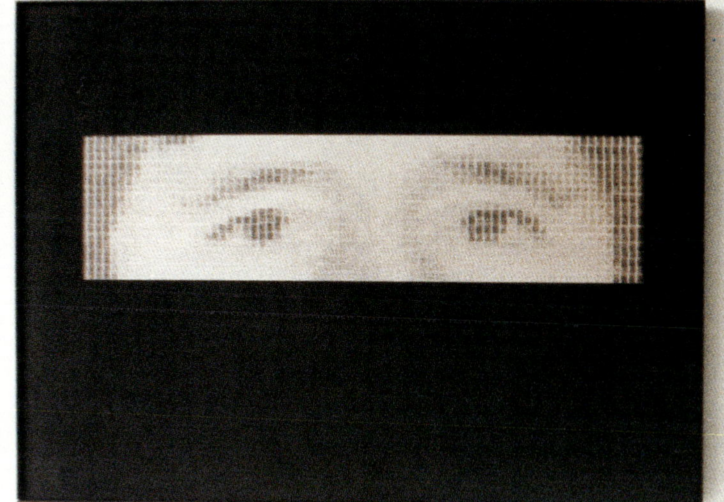 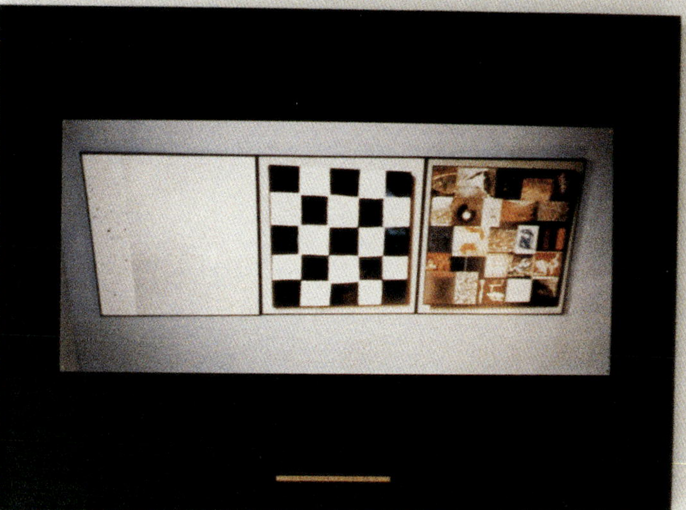

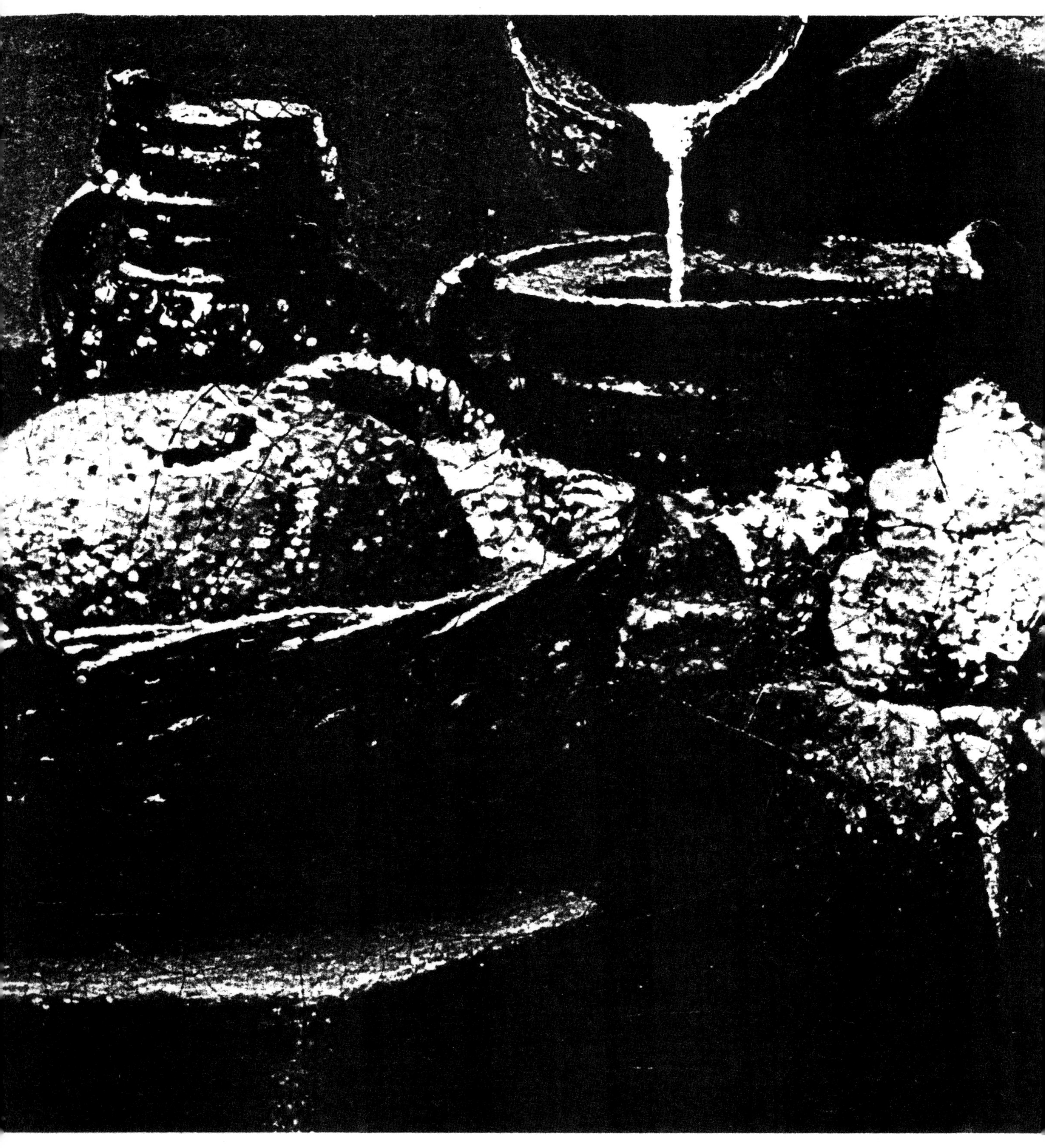

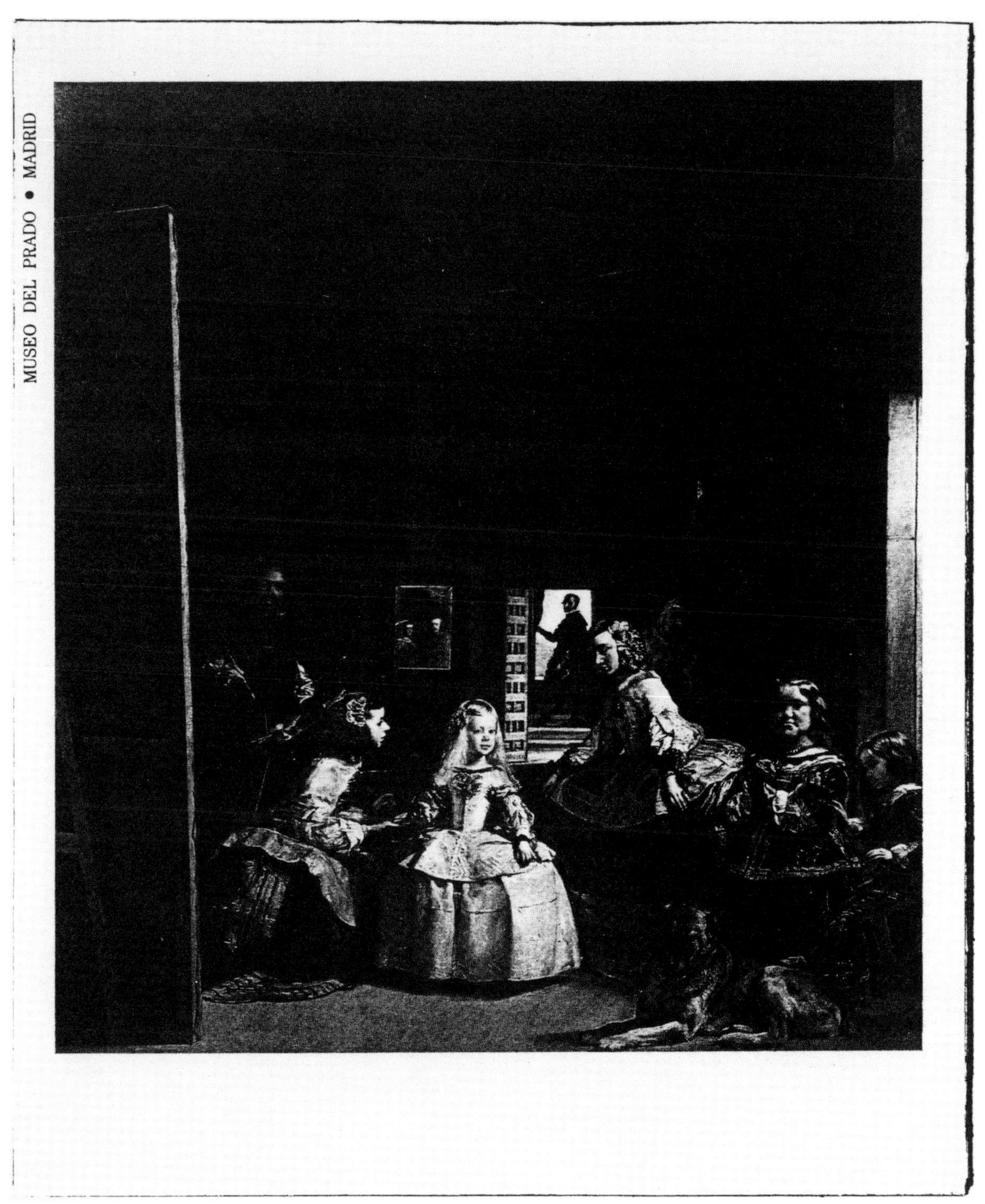
MUSEO DEL PRADO • MADRID

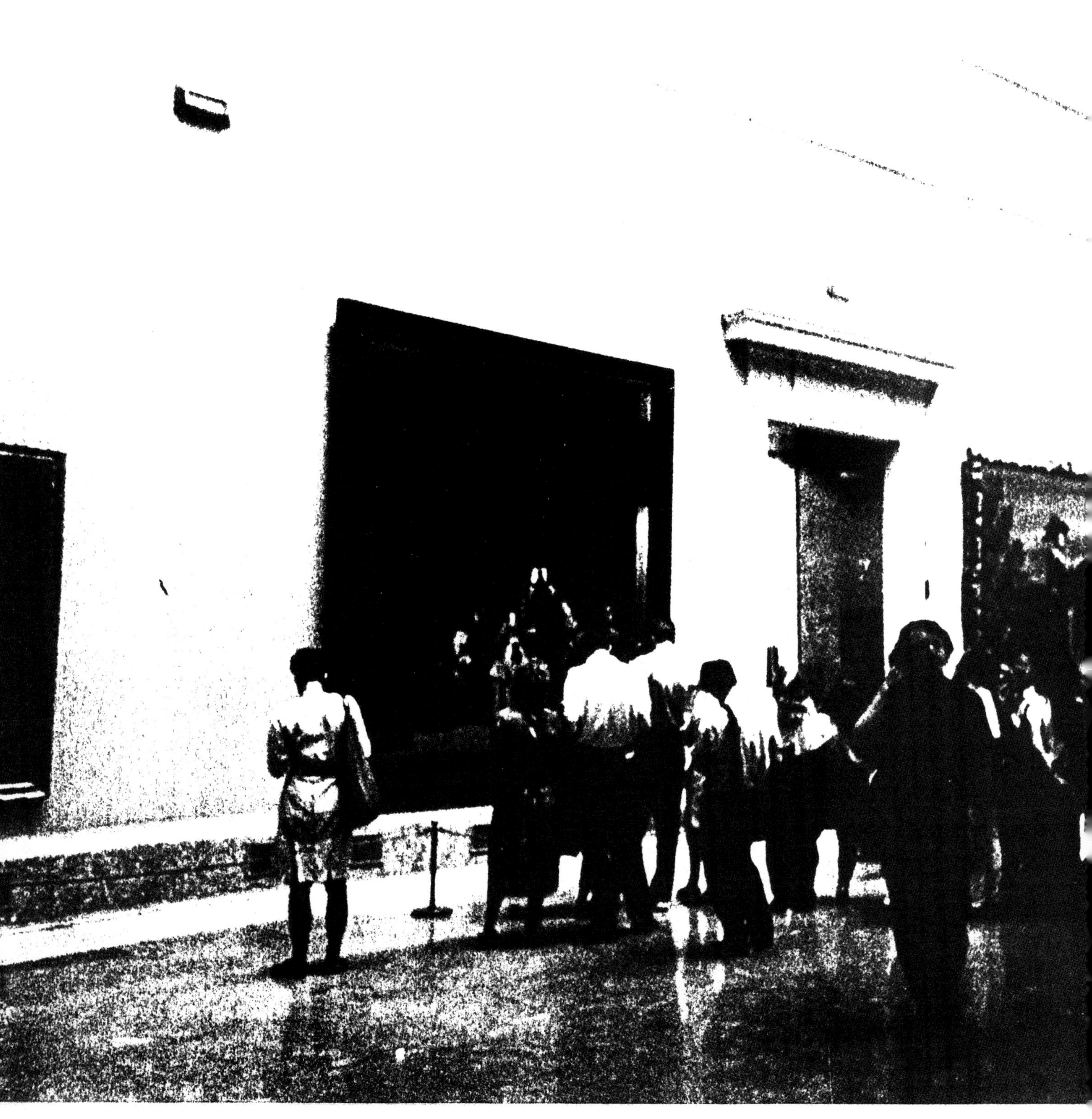

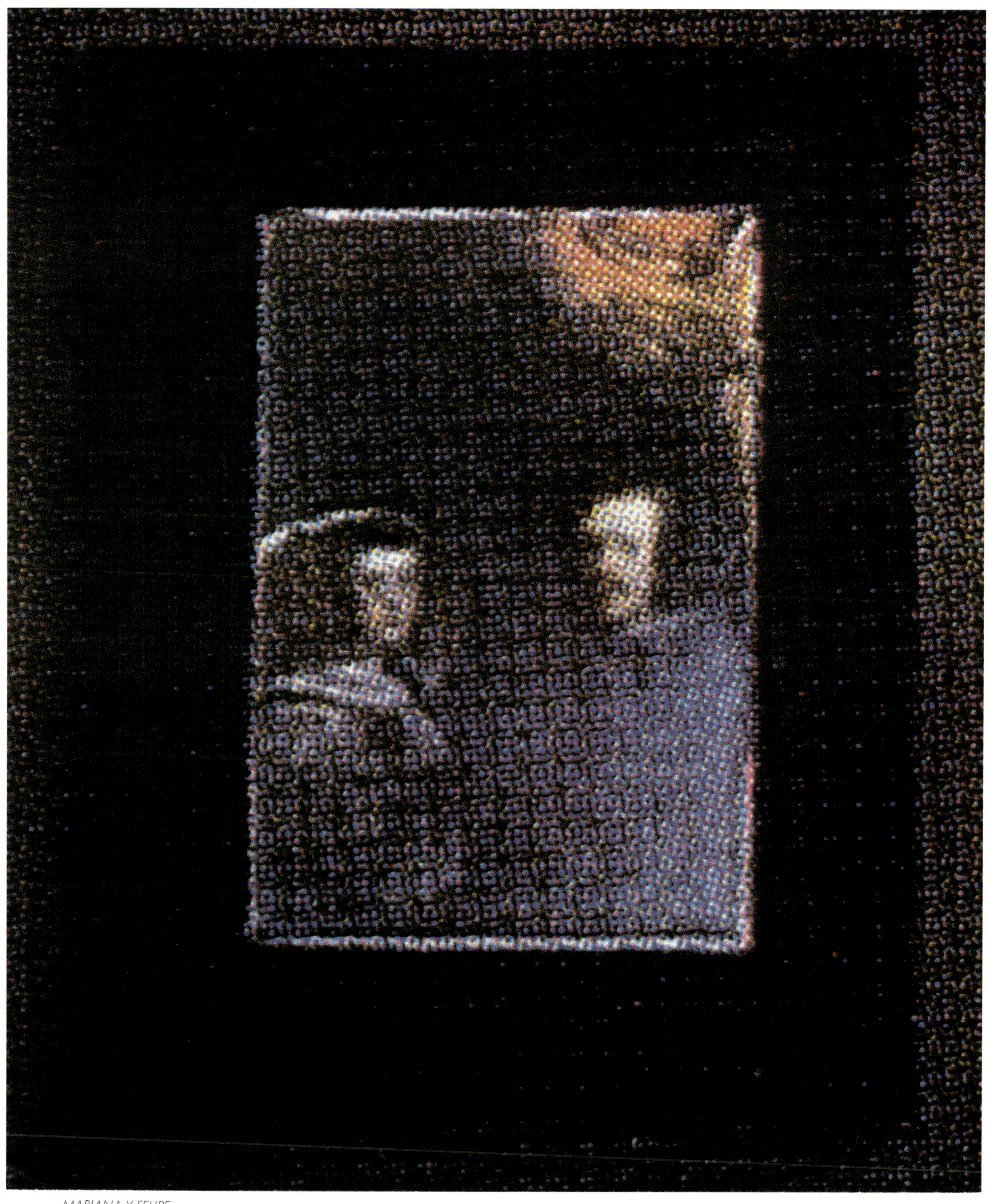

MARIANA Y FELIPE

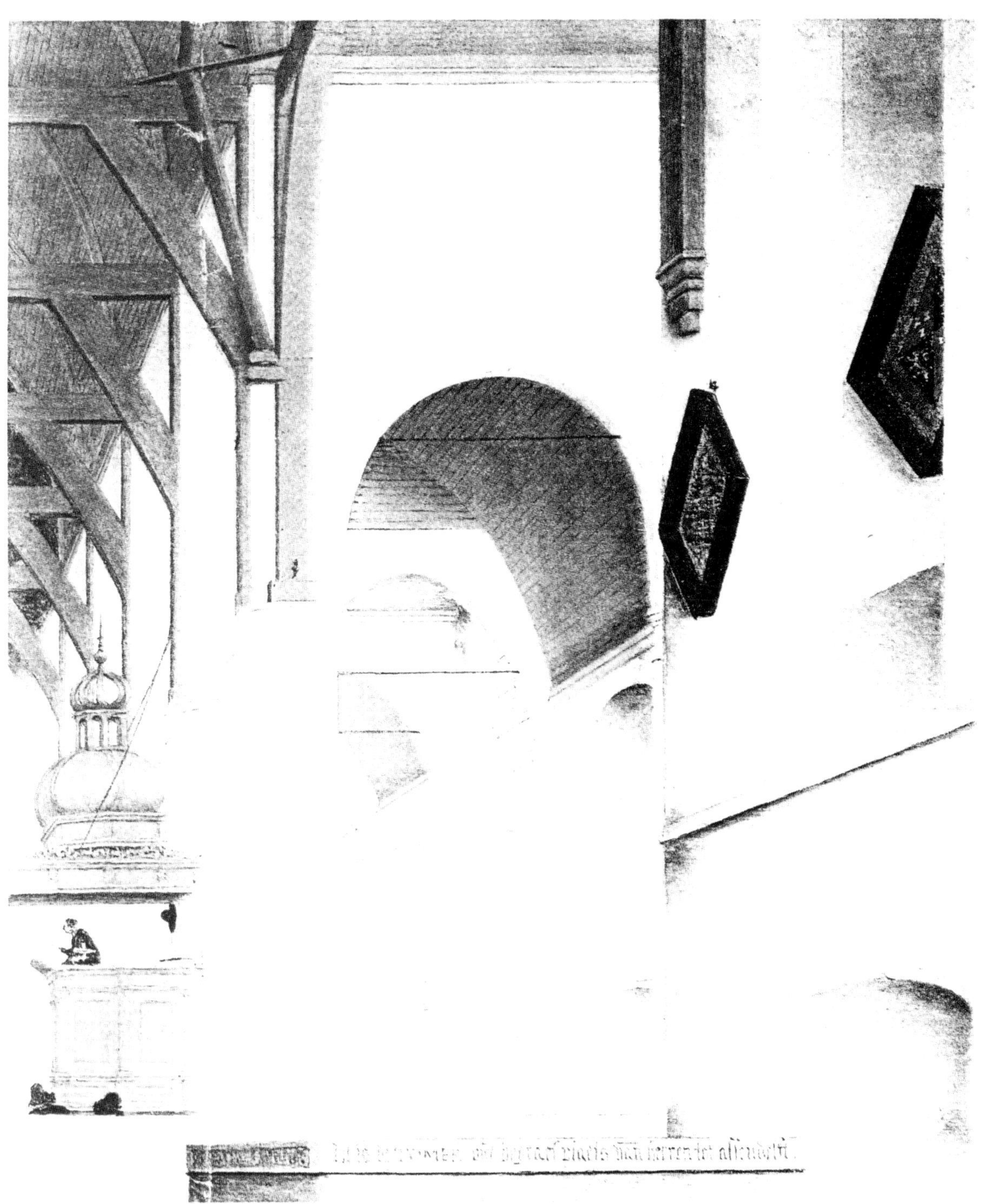

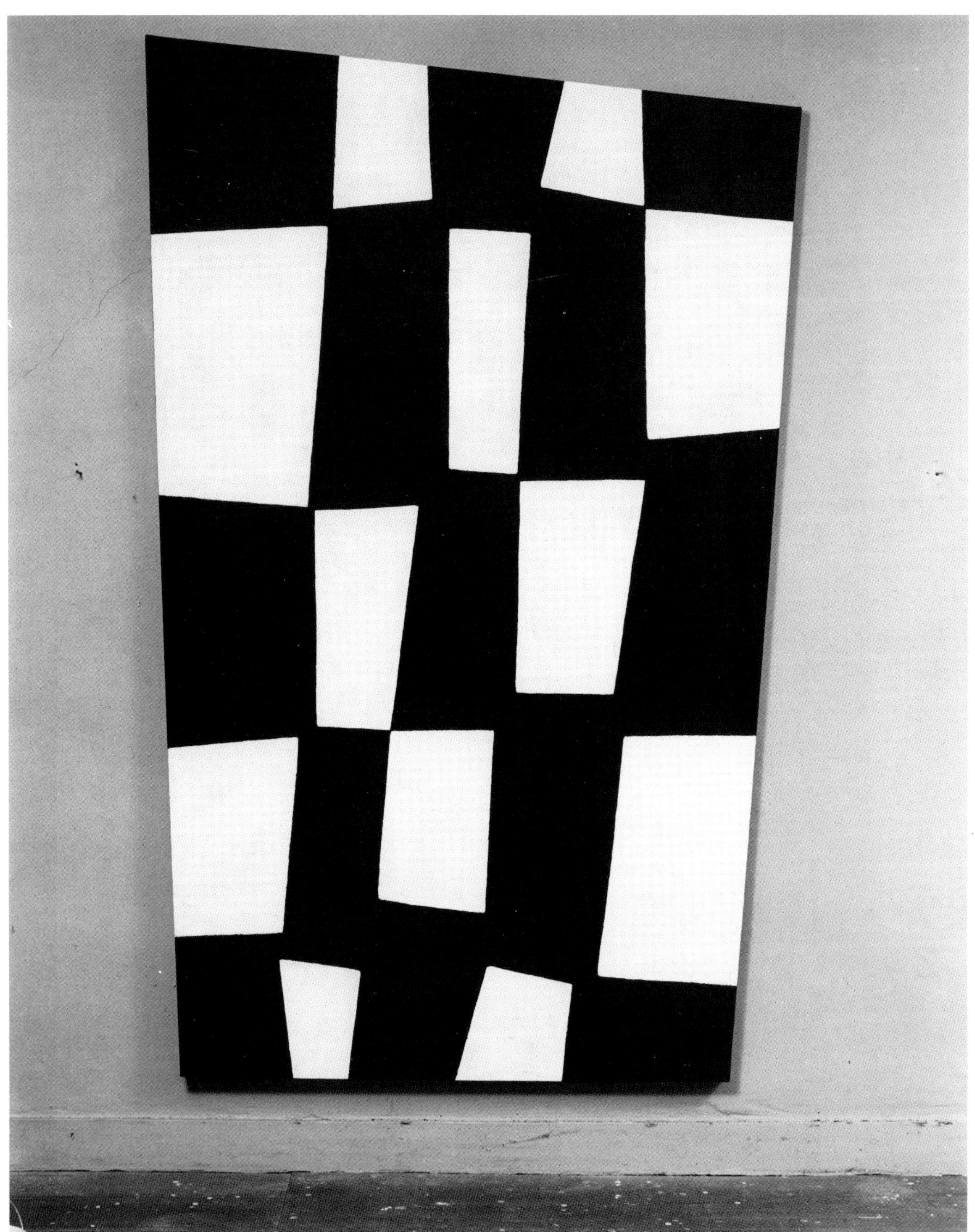

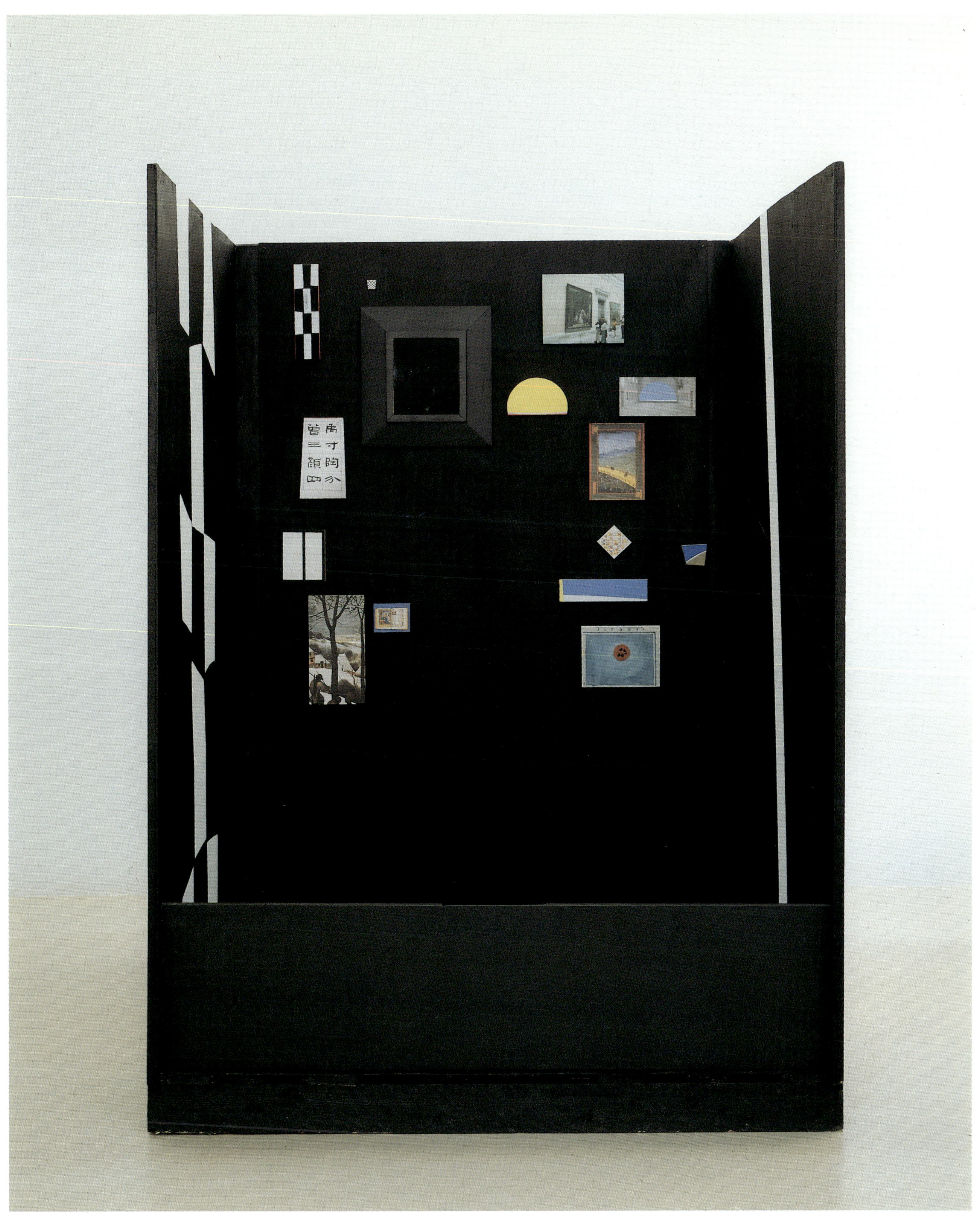

*NETWORK with Velasquez, Van Gogh, Mondrian,
Breugel and emperor Zhu Gaozhi, 1990*

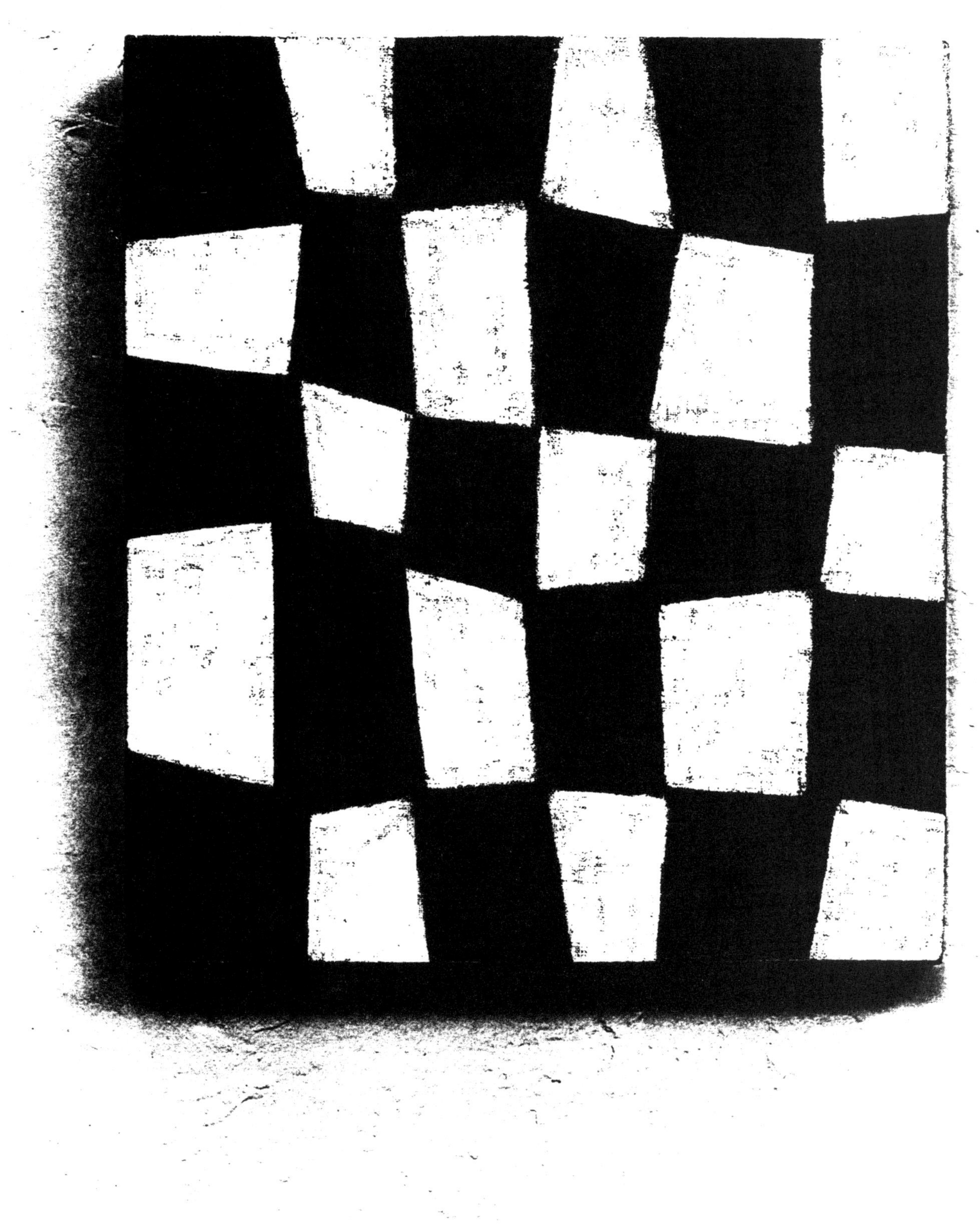

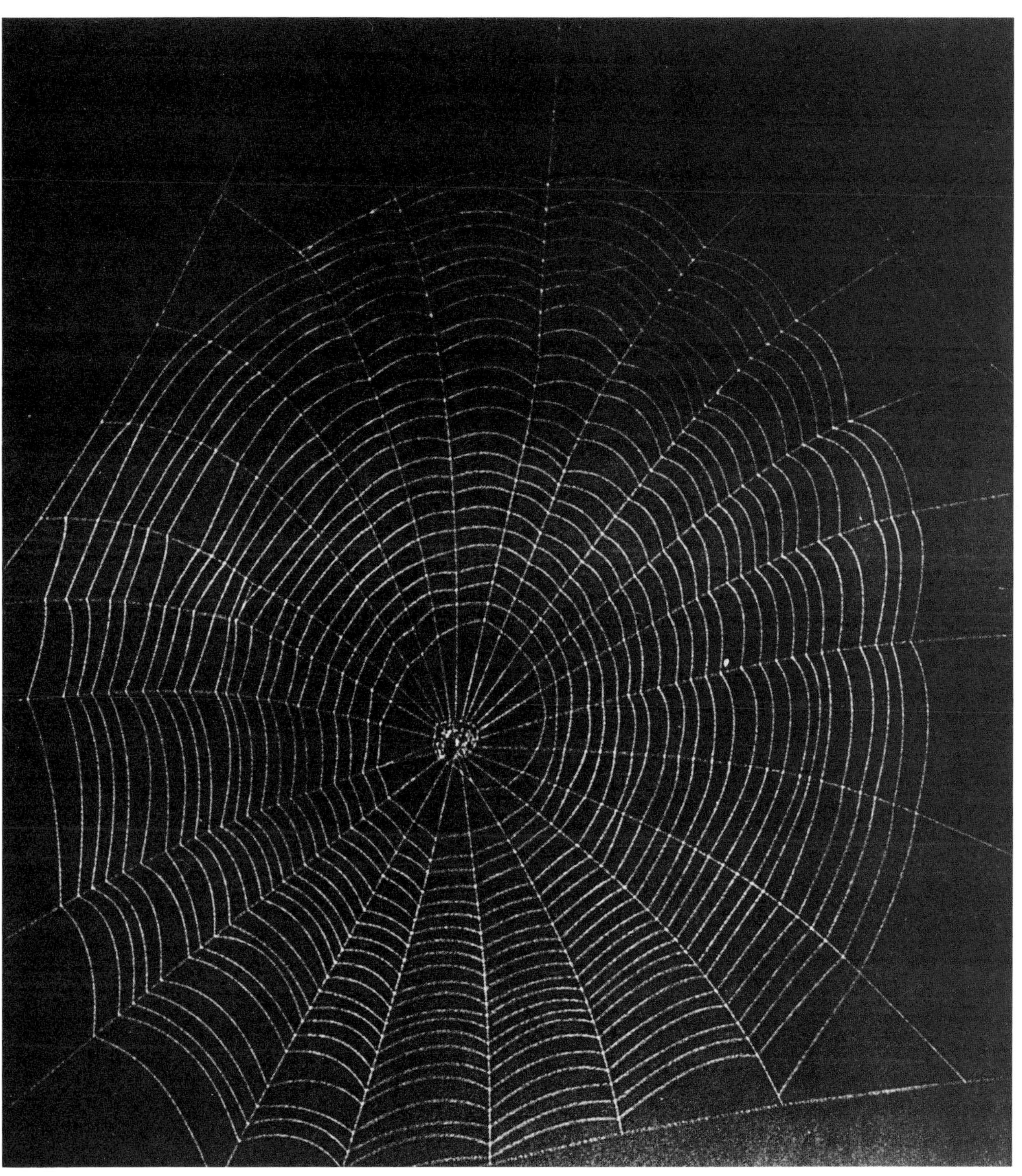

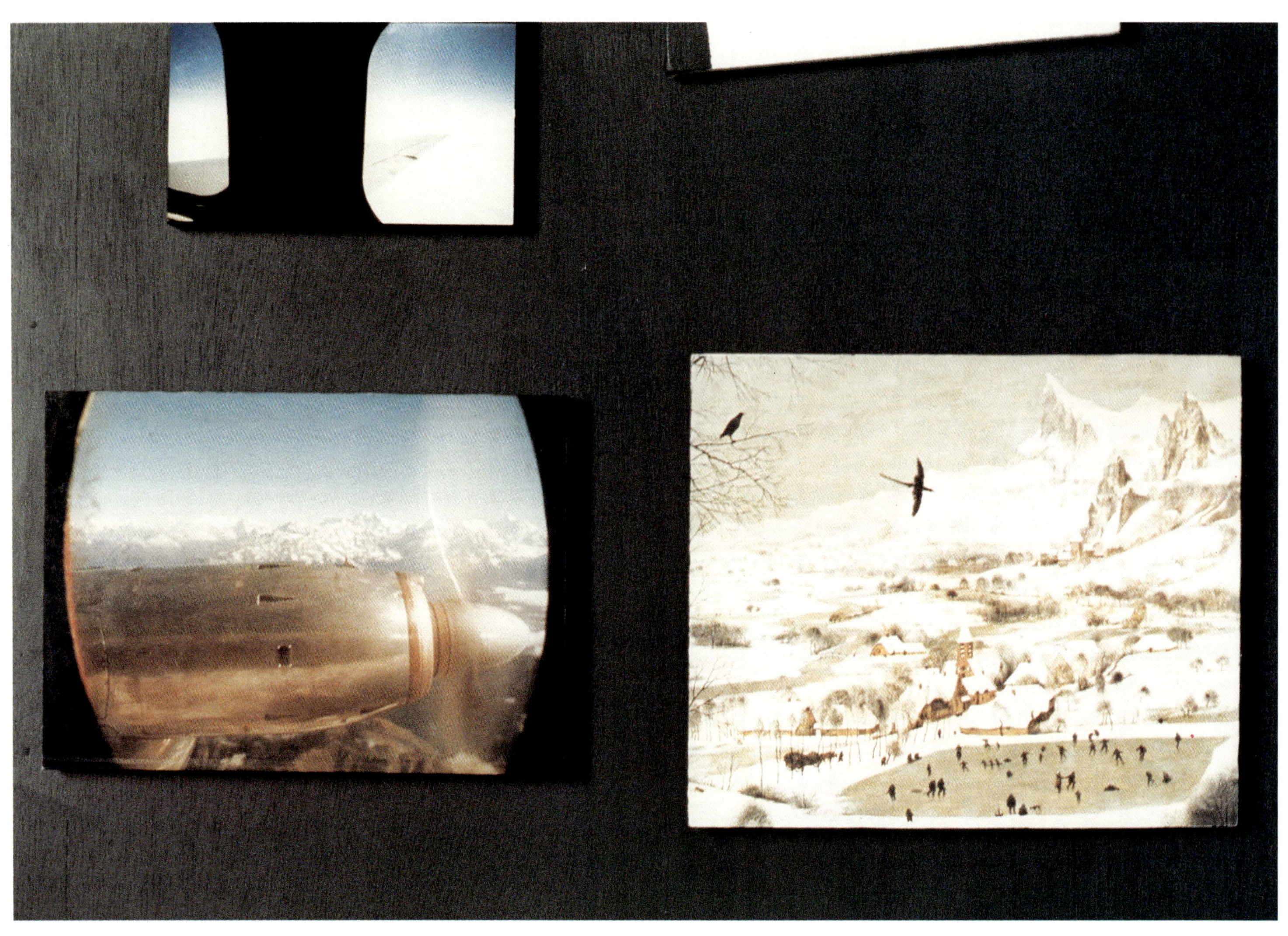

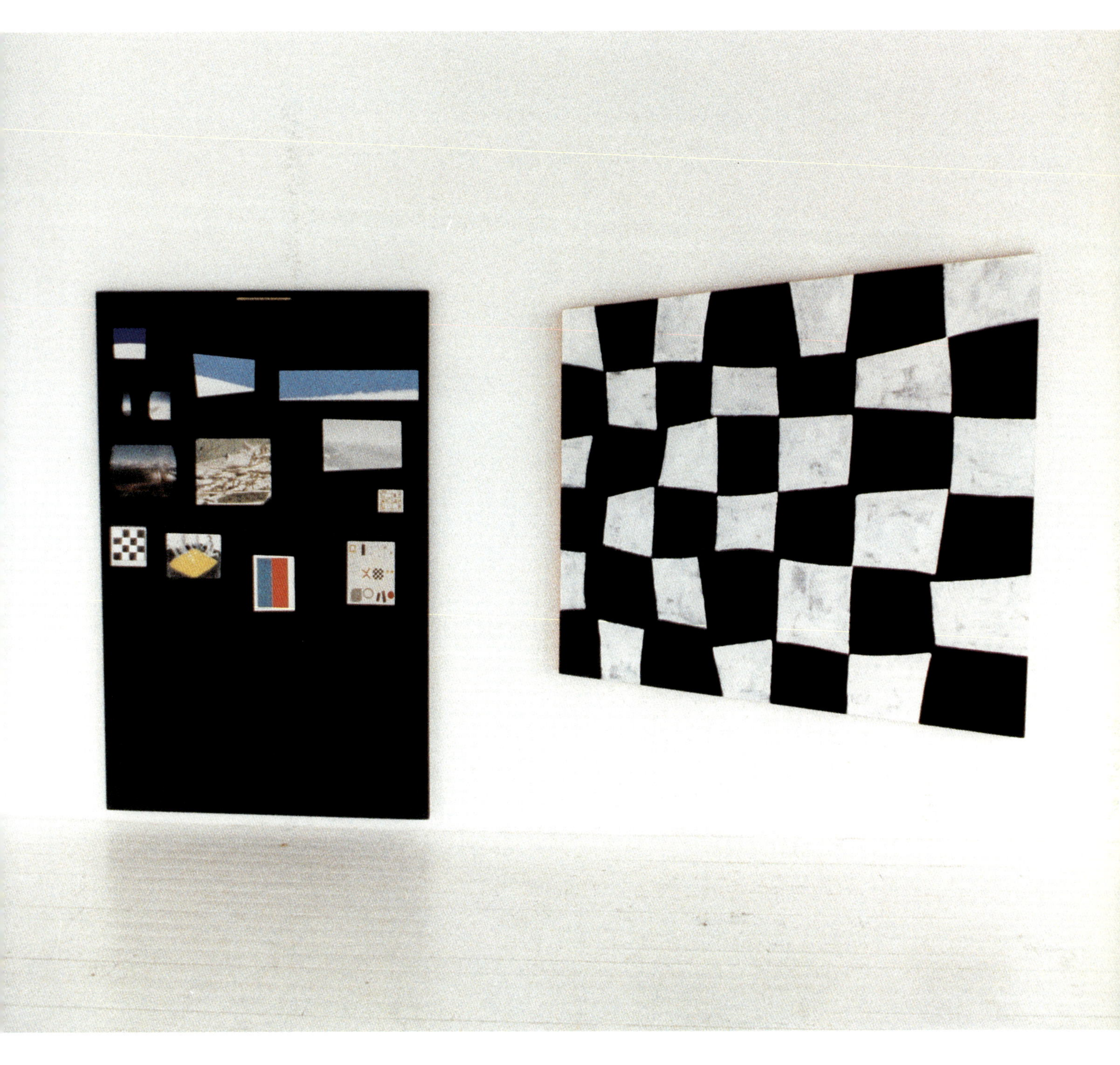

HIMALAYAS AND BREUGEL
WITH CHECKERBOARD

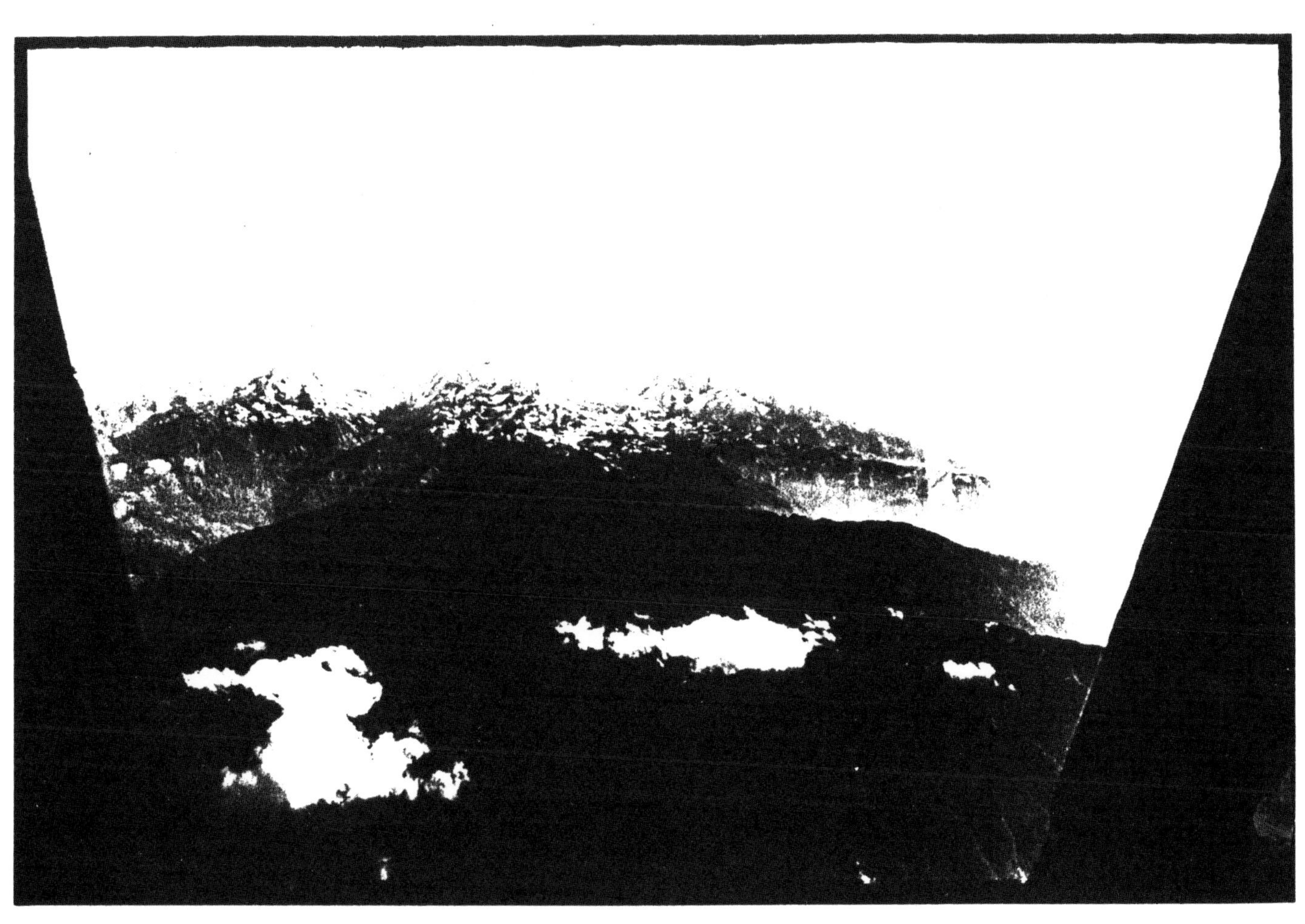

HIMALAYAS

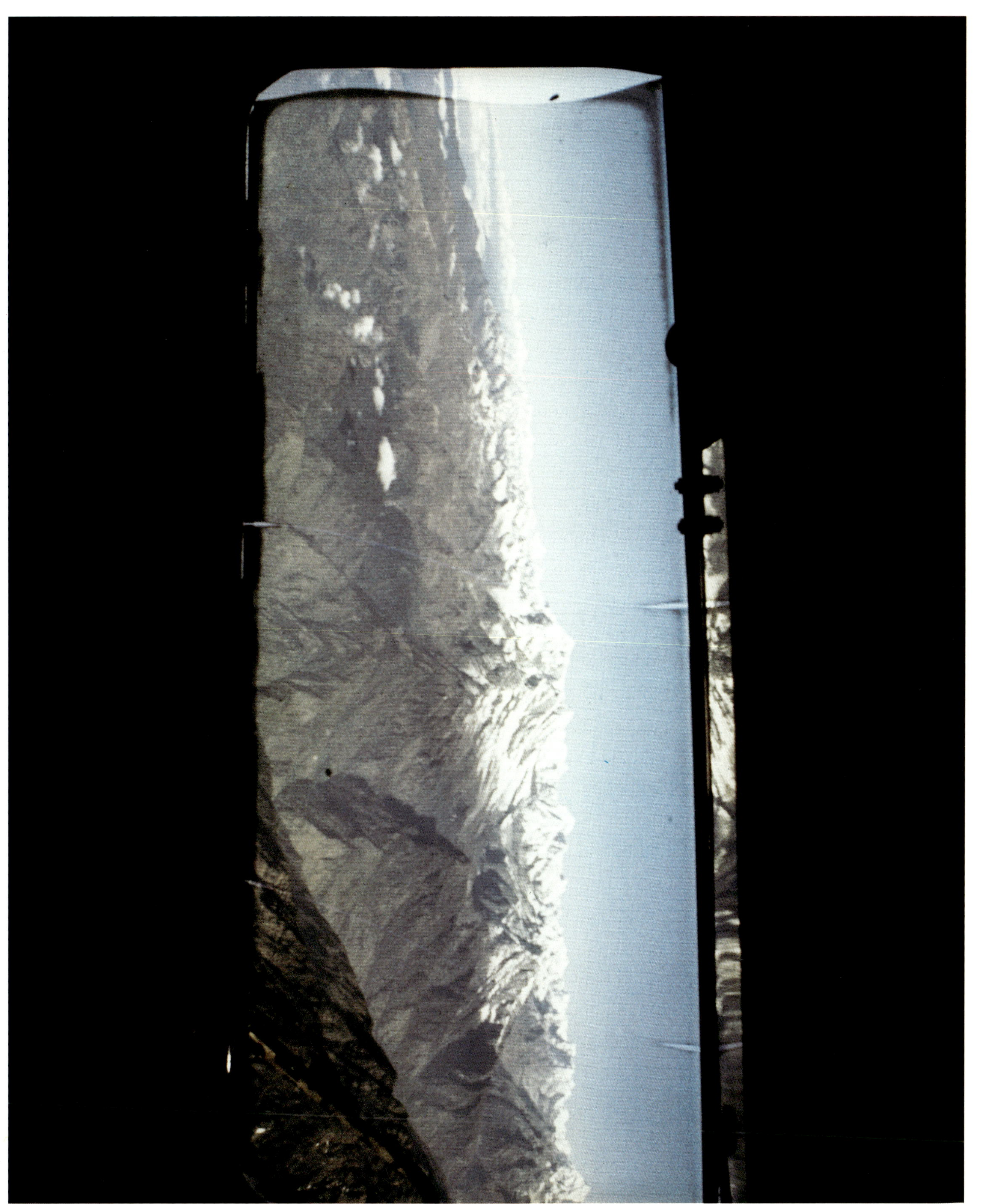

Het uitzicht van mijn zoldervenster, op 4-hoog, is vooral breed.
Mijn blik dwaalt naar buiten, over de boomkruin, stuit tegen
verspringende rijen van daken en rust dan op de verste toren rechts.
Voorbij dit punt zien gaat niet. De hoge lucht die boven alles hangt
legt als het ware een verband tussen de dingen.

Het schilderijtje van J.C.J. van der Heyden heeft een horizontale
verdeling tussen een helder blauw en een witachtig vlak; de grens is
enigszins gebogen, alsof zij ver weg ligt. Sterke suggestie van een
immense ruimte. Ondanks de bescheiden (of juist brutale) afmetingen
van dit blokje, het is iets groter dan een lucifersdoosje, bezit het
beeld veel meer diepte dan mijn uitzicht hier. Dit kleinood van
formaat.

Misschien is mijn visie nogal romantisch: vol van verlangen naar het
onbekende; naar een groter geheel, waarvan ook mijn bovenkamer deel
uitmaakt. Deze drang om alles tussen hemel en aarde 'metafysisch' te
willen zien is menselijk en vormt sinds eeuwen een waarde in de
kultuur. Maar hoe ziet die ruimte er eigenlijk uit?

Van der Heyden neemt telkens ongewone posities in om de
werkelijkheid waar te nemen. Vanachter een vliegtuigraampje, op
grote afstand van de aarde, zwevend in het luchtruim, zijn er nieuwe
perspectieven mogelijk. Het boek *Himalaya* dat hij maakte, bevat,
naast vele lege pagina's, foto's van het gebergte. Beelden van weidse
landschappen en kantelende horizonnen. Elevaties die de adrenaline
doen stuwen. Het boek is tevens als een scherm voor mijn projecties;
ik lees er de woorden in: sereen, lucide. Maar de werkelijkheid, zo
lijkt me, onttrekt zich aan al deze menselijke kwalificaties.

De satellieten die in verre banen om de aarde draaien, zijn de nieuwe
instrumenten in deze tijd waarmee we nagaan of de werkelijkheid wel
samenvalt met de beelden en begrippen die wij ervan maken. In een
omgekeerde blikrichting kijken we niet zelf in de onmetelijke ruimte,
maar dit 'oog op afstand' stuurt ons vanuit het heelal beelden van de
aardse planeet. Alles is zichtbaar, ook ons eigen standpunt. Het
verlangen naar het onbekende wordt beantwoord.

In het recente <u>Simultaneous</u> heeft Van der Heyden al deze posities,
gelijktijdig en door elkaar, ingezet. Het is een werk opgebouwd uit een
verzameling van zelfstandige beelden. De 'wereldlijke' ruimte van
Breughel de Oude is er middels een reproductie aangebracht, evenals
het 'metafysische' landschap met de rode wolk van Mondriaan. Foto's
die Van der Heyden vanuit het vliegtuig heeft gemaakt en een
satellietfoto van Amsterdam, hangen naast de beelden uit de oosterse
traditie. Het is een visie op de planetaire kultuur. De ruimte van het
doek legt het verband tussen de dingen.

Geert Thijs   1990

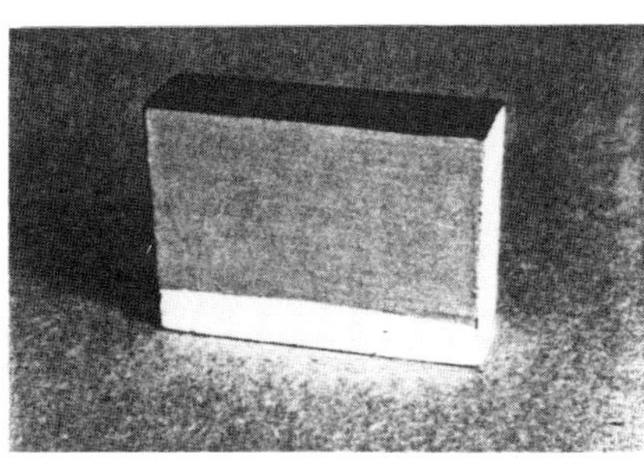

The view from my fourth-floor attic window is more wide than high. My gaze wanders over the treetops, skimming the staggered rows of roofs, to alight on the tower at the far right. I cannot see any further. The high sky above all this establishes a kind of context for the things.

In J.C.J. van der Heyden's little painting a bright blue and a whitish plane are divided horizontally; the borderline curves lightly, as if it were far away. A strong suggestion of immense space. Despite the modest (or bold?) size of this tiny slab - a little larger than a matchbox - the image has much more depth than the view from my window. A jewel of format.

Perhaps my vision is rather romantic: full of longing for the unknown, for a larger whole of which my attic is part. The urge to see everything between heaven and earth as 'metaphysical' is a human one; for centuries it has been a cultural value. But what does that space really look like?

Van der Heyden constantly adopts unusual positions from which to view reality. An aeroplane window, high above the earth, floating in space, offers new perspectives. As well as several empty pages, his book *Himalaya* contains photographs of panoramic landscapes and tilted horizons. The book also acts as a screen for my projections; in it I read words like serene, lucid. But reality, it seems to me, is aloof from all such human qualifications.

The satellites remotely orbiting the earth are modern instruments for finding out whether reality dovetails with the images and concepts we make of it. From an opposite point of view, we do not gaze into endless space ourselves but receive images of our own planet, transmitted by those 'remote eyes'. Everything is visible, including our own viewpoint. Our longing for the unknown is answered.

In his recent <u>Simultaneous</u>, Van der Heyden deploys all these positions simultaneously and interactively. The work is built up from a collection of independent images. The 'worldly' space of Breughel the Elder is there in the form of a reproduction, likewise Mondrian's 'metaphysical' landscape with the red cloud. Photographs which Van der Heyden took from an aeroplane and a satellite picture of Amsterdam rub shoulders with images from the oriental tradition. It is a vision of planetary culture. The space of the canvas establishes the context of the things.

Geert Thijs   1990

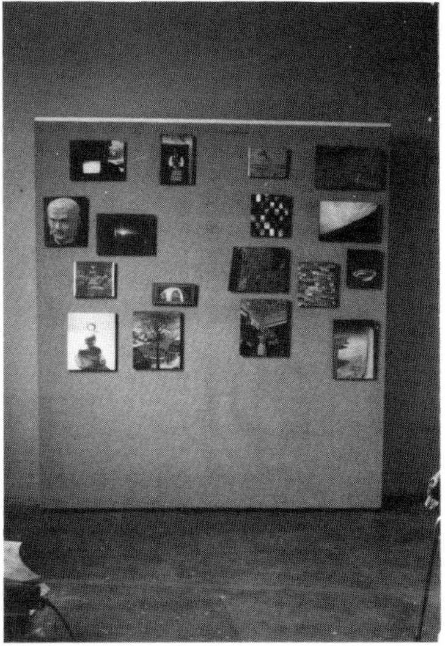

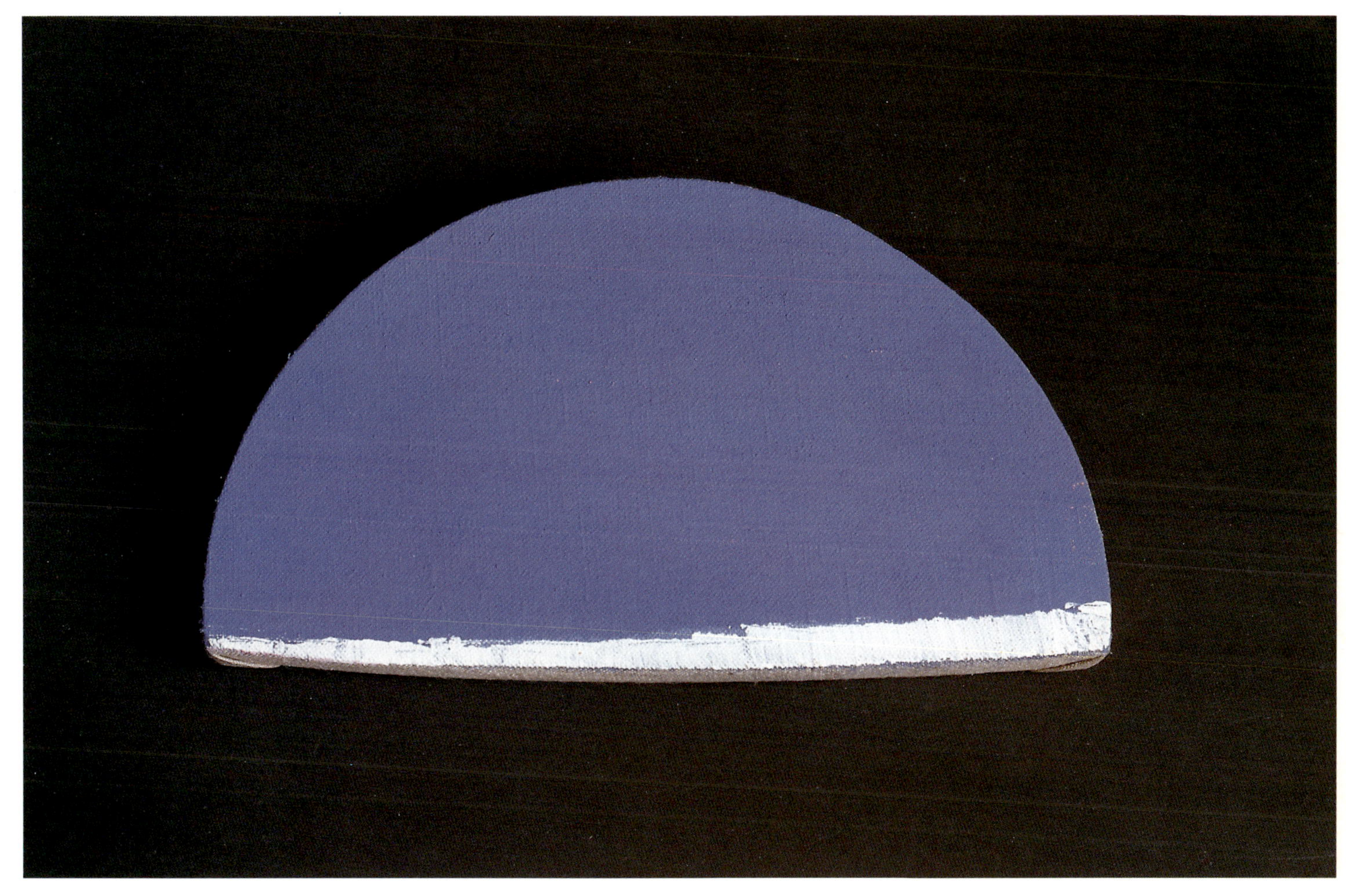

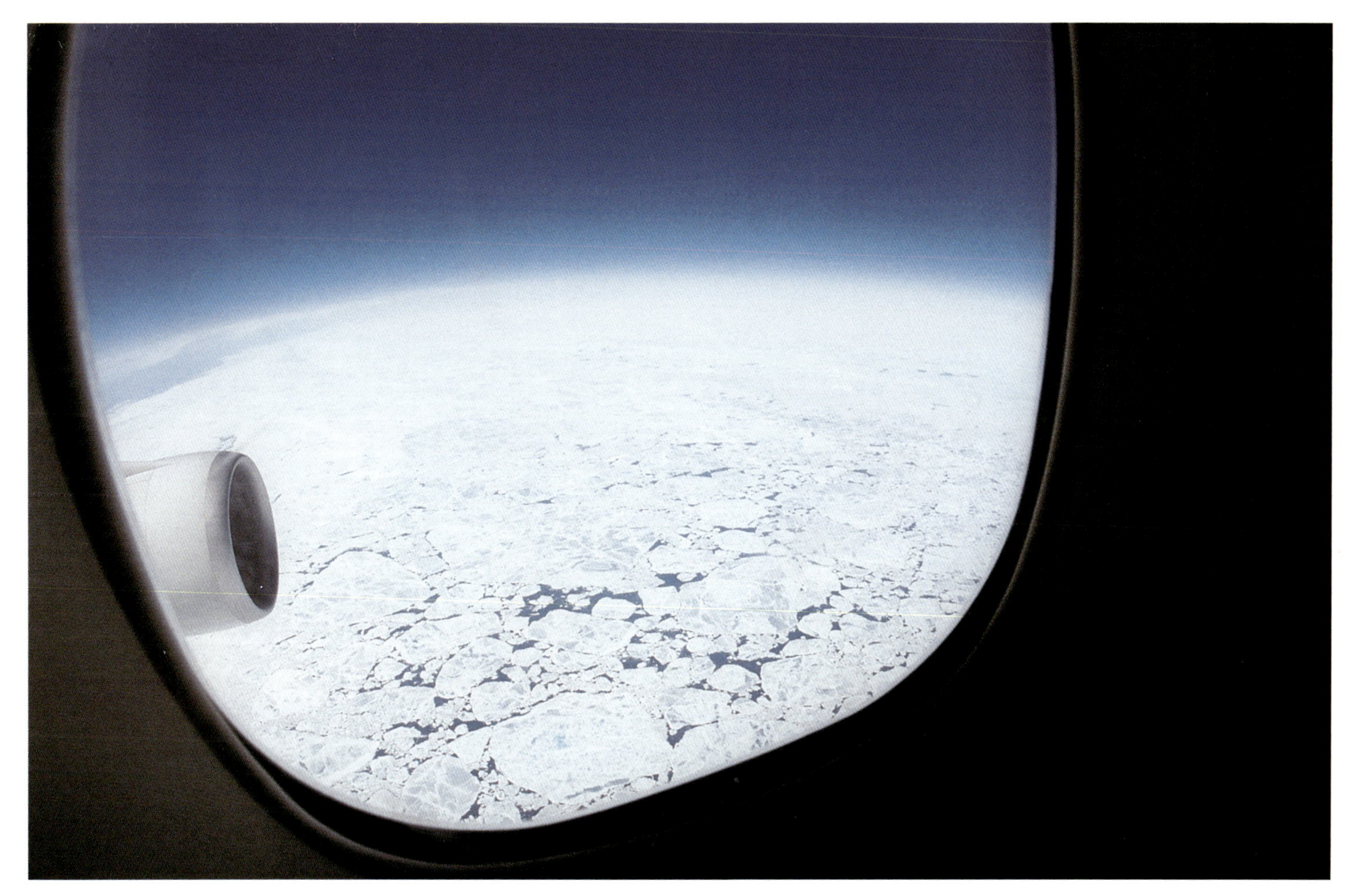

ARCTIC OCEAN

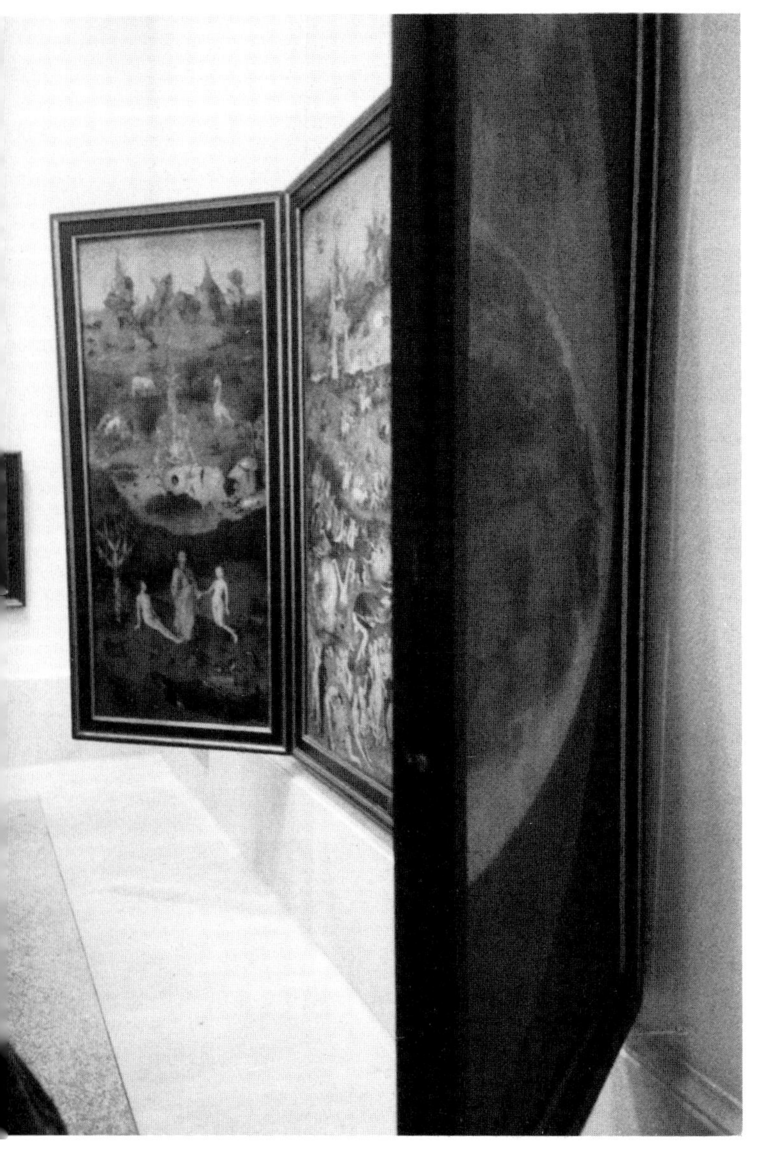

Hieromymus Bosch
Garden of Delights

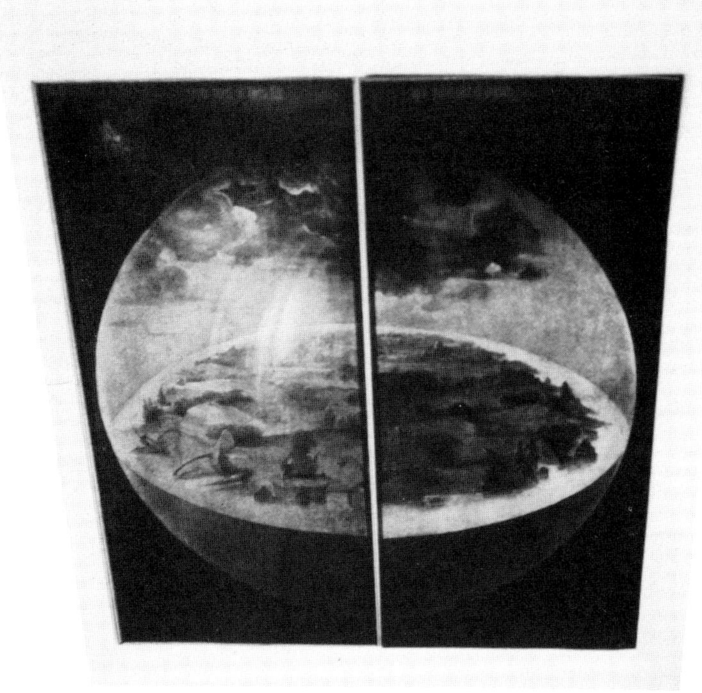

Third Day of Creation

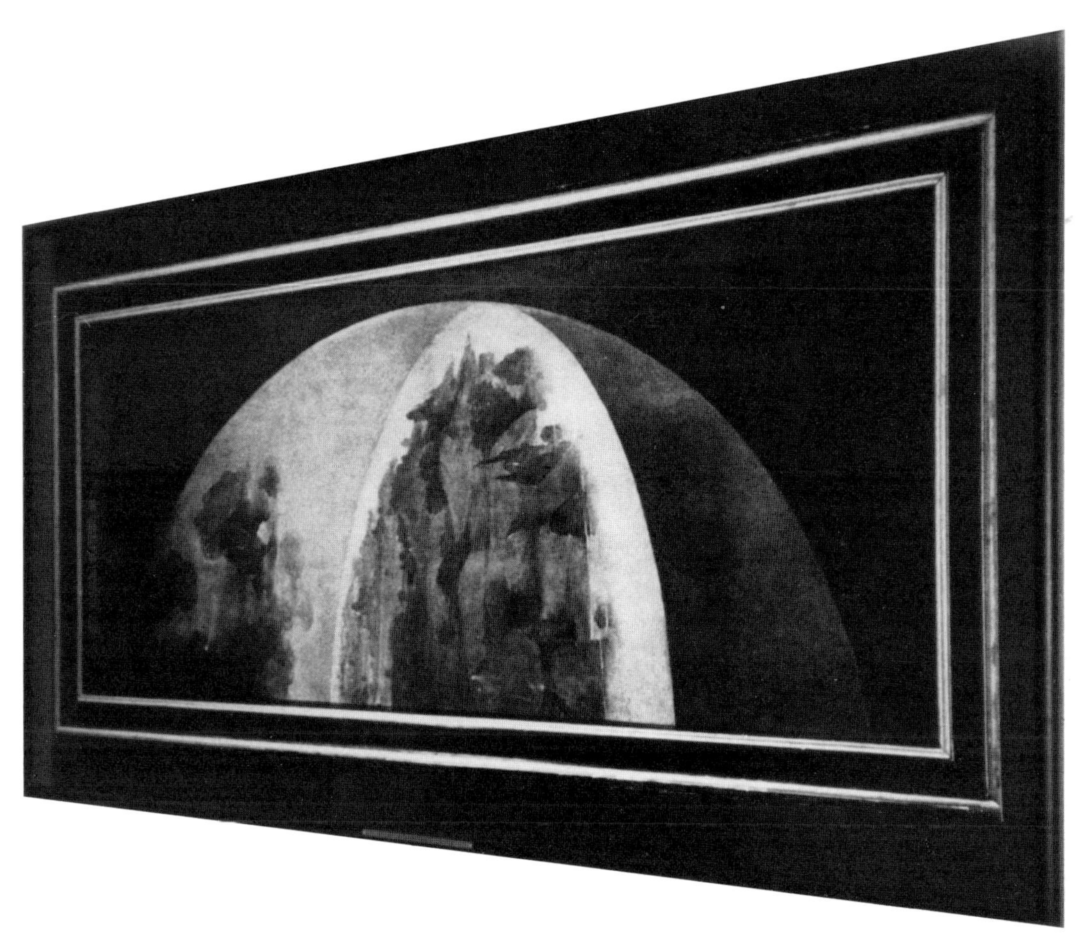

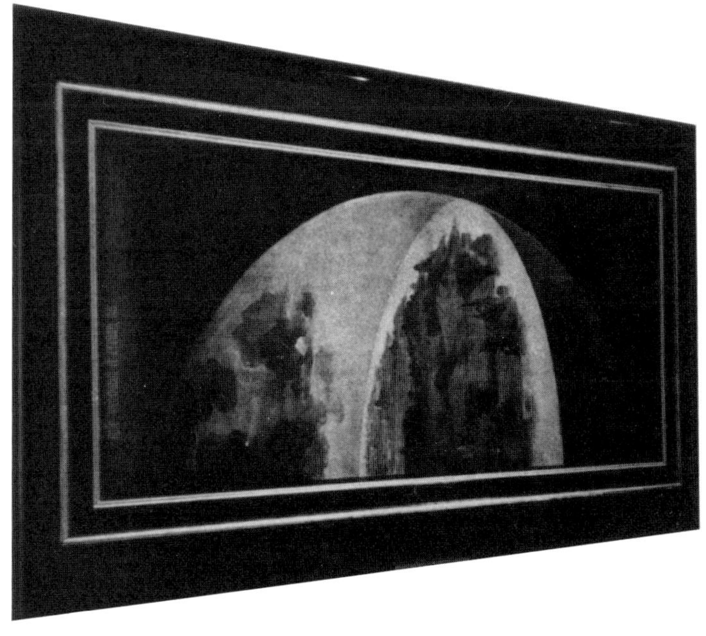

AFTER HIERONYMUS BOSCH

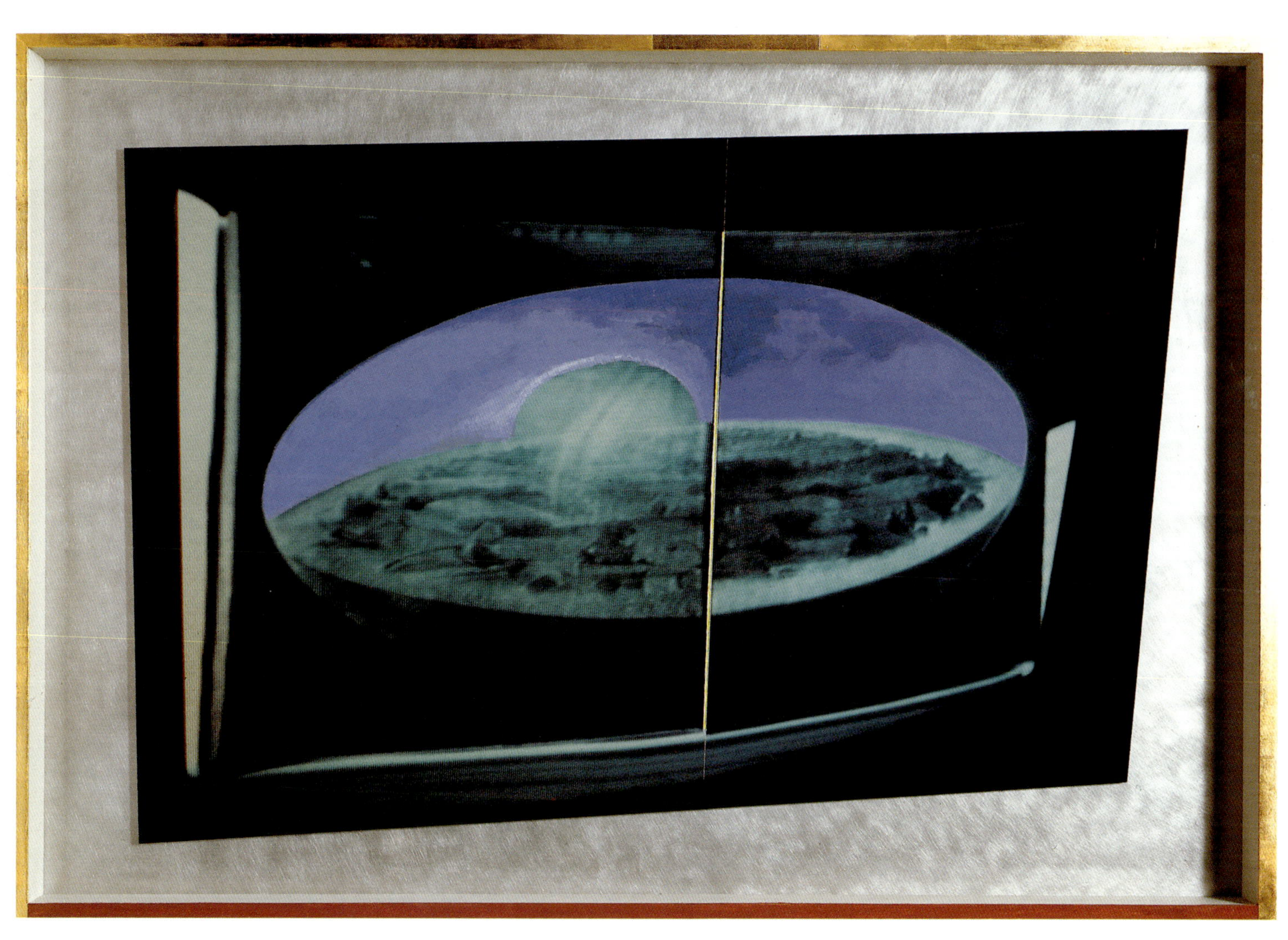

SCHEPPINGSDAG
DAY OF CREATION

ONBIOGRAFISCHE OPMERKING

ER ZIJN WEINIG MENSEN BIJ WIE HET ZOU PASSEN OM 250 JAAR OUD TE WORDEN. DE MEESTEN VAN ONS WORDEN EVEN SNEL OUD ALS ONZE LEEFTIJD OPLOOPT, EN SOMS NOG SNELLER. ER KOMT EEN LEEFTIJD WAAROP, ZELFS ALS HET LICHAAM ZICH KRANIG HOUDT, ALLE ZIN OM TE LEVEN IS UITGEPUT. MAAR ER ZIJN MENSEN DIE HET TALENT HEBBEN OM ZICH WEINIG VAN HET VERLEDEN AAN TE TREKKEN, EN HUN TOEKOMST UIT TE STELLEN. ZE KUNNEN STIL HANGEN TUSSEN VERLEDEN EN TOEKOMST, TERWIJL DE TIJD DOORTIKT. HET ZIJN ER MAAR WEINIG, MAAR ZE BESTAAN. ZULKE MENSEN HEBBEN DE JUISTE INSTELLING OM 250 TE WORDEN.

NATUURLIJK ZIJN ER HOOGBEJAARDE BEELDEND KUNSTENAARS, MAAR TOCH HEBBEN ER MAAR HEEL WEINIG DE JUISTE INSTELLING OM 250 JAAR OUD TE WORDEN. WAAROM DENK IK DAT? OMDAT BEELDEND KUNSTENAARS NET ALS ACTEURS EN MUSICI, EN VEEL STERKER DAN SCHRIJVERS, BAKKERS, FILMERS OF NIEUWSLEZERS MET HUN WERK VEREENZELVIGD WORDEN. HET LOT VAN HUN WERK IS HUN LOT, EN TERWIJL HUN WERK DOOR DE KIJKZALEN EN CATALOGI CIRKULEERT IS ER EEN OPTREDEN GAANDE. DE BEELDENDE KUNST IS GAANDEWEG OP EEN PODIUMKUNST GAAN LIJKEN.
KUNSTENAARS SPELEN DE HOOFDPERSOON VAN HUN OEUVRE. DE WETTEN VAN HET THEATER LATEN ZICH GELDEN, EN LEVEN EN WERK WORDEN OPGELADEN MET DE DRAMATISCHE LOGICA VAN GROEI, BLOEI EN VERVAL.

DE MEESTE KUNST IS AARDS, BIOGRAFISCH, SOCIAAL, 'ECHT-MENSELIJK'. DAT KAN HET ALLERBESTE EN PRACHTIGSTE WERK OPLEVEREN, MAAR HET KOMT NIET VOORT UIT EEN INSTELLING DIE EEN LANGERE LOOPTIJD DAN ZO'N 80 JAAR HEEFT. DAN IS DE MOTOR VERSLETEN.

EEN BEELDEND KUNSTENAAR DIE BIJ HET KLEINE GROEPJE KWART-MILLENARISTEN HOORT MOET EEN MENTALITEIT HEBBEN DIE ZICH VOLLEDIG AFZIJDIG HOUDT VAN HET THEATRALE, AARDSE, 'ECHT-MENSELIJKE' VAN DE BEELDENDE KUNST. HIJ ZOU ZICH DOOR ZIJN WERK MOETEN BEWEGEN ZOALS EEN SATELLIET DOOR HET ZONNESTELSEL VLIEGT.

IN NEDERLAND LEEFT ZO'N BEELDEND KUNSTENAAR DIE HET TALENT HEEFT OM 250 JAAR OUD TE WORDEN EN DUS TOT IN 2178 TE DOEN WAT HIJ NU DOET, EN DAARBIJ NOCH ZICHZELF NOCH ANDEREN TE VERVELEN EN DAT IS J.C.J. VAN DER HEYDEN. ZIJN MOTOR HEEFT NAUWELIJKS BEWEGENDE ONDERDELEN, ZIJN WERKWIJZE IS SLIJTVAST.

ONZAKELIJKE OPMERKING

TOEN IK OVER DE TOEKOMST ZAT TE LEZEN STUITTE IK OP IETS WAT ME AAN J.C.J. VAN DER HEYDEN DEED DENKEN.

HET WAS EEN BOEK OVER ZONNEZEILEN. GEEN SCIENCE-FICTION BOEK MET DE BEKENDE PUBERALE TOEKOMSTFANTASIEËN. HET GING OVER DE ONMIDDELLIJKE TOEKOMST VAN DE RUIMTEVAART.

DE OPBRENGST VAN HET BOEK KWAM TEN GOEDE AAN DE WORLD SPACE FOUNDATION, DIE ZICH TEN DOEL HAD GESTELD OM IN 1992 (BIJ HET JUBILEUM VAN COLUMBUS' ZEILTOCHT NAAR DE NIEUWE WERELD) EEN ONBEMAND ZONNE-ZEILSCHIP UIT EEN BAAN OM DE AARDE TE LATEN VERTREKKEN, VOORBIJ DE MAAN EN VERDER, OP EXPEDITIE NAAR EEN NIEUWE NIEUWE WERELD.

WAAROM ZONNEZEILEN? IS RAKET-VOORTSTUWING NIET GOED GENOEG MEER?

OM IN EEN BAAN OM DE AARDE TE KOMEN ZIJN RAKETTEN NOG ONMISBAAR, MAAR VOOR HET MAKEN VAN VERRE REIZEN, BV. NAAR ANDERE PLANETEN EN VERDER ZIJN ZE TE ZWAAR EN DUS TE LANGZAAM. DE ACCELERATIE VAN EEN RAKET KAN HEEL INDRUKWEKKEND ZIJN, MAAR OMDAT DE BRANDSTOF EN DE MOTOR ZELF ZO ZWAAR ZIJN KAN DIE OOK MAAR KORT DUREN.

RAKETVOORTSTUWING BERUST OP DOMME KRACHT.

ALS WE ONZE HANDPALM PAL IN HET ZONLICHT HOUDEN VOELEN WE WARMTE. WAT WE NIET KUNNEN VOELEN IS DE DRUK DIE DE OP ONZE HUID BOTSENDE FOTONEN UITOEFENEN. DIE IS OP HET OPPERVLAK VAN EEN HAND ZO'N 0,000028349 GRAM. LACHWEKKEND WEINIG. MAAR EEN ZEIL VAN EEN ULTRADUNNE SOORT ALUMINIUM, WAARVAN EEN VIERKANTE KILOMETER 20 GRAM WEEGT, VANGT IN DE EERSTE SECONDE EEN DRUK VAN EEN PAAR KILO, GENOEG OM EEN HALVE CENTIMETER VOORUIT TE WORDEN GEDREVEN.

HET BIJZONDERE IS NATUURLIJK DAT DE ACCELERATIE EINDELOOS DOORGAAT: HET ZONLICHT BLIJFT GEWOON IN HET ZEIL SCHIJNEN. NA EEN MINUUT ZIJN WE EEN KLEINE TWINTIG METER VERDER, MET EEN SNELHEID VAN ANDERHALVE KILOMETER PER UUR. OMDAT ER IN DE RUIMTE GEEN WRIJVING IS BLIJFT ONS ZONNEZEIL VROLIJK DOOR ACCELEREREN, EN NA EEN DAG SCHIET HET VOORUIT MET MEER DAN 3000 KILOMETER PER UUR. NA TWEE DAGEN IN EEN BAAN OM DE AARDE HEEFT HET SNELHEID GENOEG OM AAN HET ZWAARTEKRACHTVELD VAN DE AARDE TE ONTSNAPPEN EN KAN HET ZIJN REIS DOOR HET ZONNESTELSEL BEGINNEN.

OP DEZE MANIER KUNNEN SNELHEDEN BEREIKT WORDEN DIE TIENTALLEN MALEN HOGER ZIJN DAN DIE VAN RAKETVOORTGESTUWDE SCHEPEN. EN UITGAANDE VAN DE MOGELIJKHEID OM EEN LASERKANON DAT ZICH VOEDT MET ZONLICHT EN IN EEN BAAN OM DE AARDE CIRKELT IN EEN LICHTZEIL TE LATEN SCHIJNEN BETEKENT HET DAT DE DICHTSTBIJZIJNDE STER IN TWINTIG JAAR BEREIKT KAN WORDEN DOOR EEN VERKENNINGSROBOT VAN 1500 KILO.

ZONNEZEILEN DOET ME AAN J.C.J. VAN DER HEYDEN DENKEN. GROTE SNELHEDEN, ENORME AFSTANDEN, MAAR ZONDER SENSATIONELE EXPLOSIES OF TECHNISCH GEWELD. ZIJN ACCELERATIE IS ALS DIE VAN EEN ZONNEZEILSCHIP, ONAANZIENLIJK IN HET BEGIN, MAAR GESTAAG GROEIEND ZONDER WRIJVING OF SLIJTAGE EN DAARDOOR SNELLER DAN BULDERENDE RAKETMOTOREN.

J.C.J. VAN DER HEYDENS VOORTSTUWING BERUST OP HET ONWAARSCHIJNLIJK KLEINE: DE MINUSCULE DRUK VAN LICHT OP EEN VLIES VAN EXTREME LICHTHEID.

MISSCHIEN ZEILT HIJ MET ZIJN OGEN.

UNBIOGRAPHICAL OBSERVATION

FEW PEOPLE ARE LIKELY TO MAKE IT TO THE AGE OF 250. MOST OF US DEGENERATE AT THE SAME RATE AS OUR AGE INCREASES, SOMETIMES EVEN FASTER. THERE COMES A TIME WHEN, EVEN IF ONE IS PHYSICALLY FIT, THERE IS NO MORE MEANING TO LIFE. SOME PEOPLE, THOUGH, REFUSE TO BE BURDENED BY THE PAST AND MANAGE TO POSTPONE THE FUTURE. THEY HOVER QUIETLY BETWEEN PAST AND FUTURE WHILE TIME TICKS ON. THEY ARE FEW IN NUMBER, BUT THEY DO EXIST. SUCH PEOPLE HAVE THE RIGHT ATTITUDE TO REACH THE AGE OF 250.

AGED ARTISTS DO EXIST, OF COURSE, BUT VERY FEW OF THEM HAVE THE RIGHT ATTITUDE TO SURVIVE TO THE AGE OF 250. WHY DO I SAY THIS? BECAUSE ARTISTS, LIKE ACTORS AND MUSICIANS, AND TO A FAR GREATER EXTENT THAN WRITERS, BAKERS, FILM-MAKERS OR NEWS-READERS, IDENTIFY WITH THEIR WORK. THEIR WORK'S FATE IS THEIR FATE, AND WHILE THEIR WORK CIRCULATES THROUGH GALLERIES AND CATALOGUES, AN ACT TAKES PLACE. ART IS GRADUALLY COMING TO RESEMBLE PODIUM ART.
ARTISTS STAR IN THEIR OEUVRES. THE LAWS OF THEATRE APPLY; LIFE AND WORK ARE CHARGED WITH THE DRAMATIC LOGIC OF GROWTH, FLOWERING AND DECAY.

MOST ART IS WORLDLY, BIOGRAPHICAL, SOCIAL, 'GENUINELY HUMAN'. IT CAN YIELD THE FINEST, MOST SPLENDID WORK, BUT IT IS NOT GENERATED BY AN ATTITUDE WITH A LONGER LIFE-EXPECTATION OF ABOUT EIGHTY YEARS, WHEN THE MOTOR RUNS DOWN.

AN ARTIST BELONGING TO THE SMALL GROUP OF QUARTER-MILLENARIANS SHOULD HAVE A MENTALITY THAT SHUNS THE THEATRICAL, WORLDLY, 'GENUINELY HUMAN' ASPECT OF ART. HE SHOULD MOVE THROUGH HIS WORK LIKE A SATELLITE FLYING THROUGH THE SOLAR SYSTEM.

IN THE NETHERLANDS THERE IS AN ARTIST WITH THE TALENT TO REACH THE AGE OF 250 AND THUS TO CARRY ON WITH WHAT HE IS DOING UNTIL 2178 A.D. WITHOUT BORING HIMSELF OR ANYONE ELSE. HE IS J.C.J. VAN DER HEYDEN. HIS MOTOR HAS FEW MOVING PARTS, HIS METHOD IS DURABLE.

TRIVIAL OBSERVATION

WHILE READING ABOUT THE FUTURE, I CAME ACROSS SOMETHING THAT REMINDED ME OF J.C.J. VAN DER HEYDEN.

IT WAS A BOOK ABOUT SOLAR SAILING. NOT A SCIENCE FICTION BOOK WITH THE USUAL ADOLESCENT FANTASIES ABOUT THE FUTURE, IT DEALT WITH THE FUTURE OF SPACE TRAVEL.

THE PROCEEDS OF THE BOOK GO TO THE WORLD SPACE FOUNDATION, WHICH PLANS IN 1992, FOUR HUNDRED YEARS AFTER COLUMBUS SAILED TO THE NEW WORLD, TO LAUNCH AN UNMANNED SOLAR CRAFT FROM AN ORBIT ROUND THE EARTH PAST THE SUN AND BEYOND, ON AN EXPEDITION TO A NEW NEW WORLD.

WHY SOLAR SAILING? IS ROCKET PROPULSION NO LONGER GOOD ENOUGH?

ROCKETS ARE STILL NECESSARY TO PUT SPACECRAFT IN ORBIT, BUT THEY ARE TOO HEAVY, AND HENCE TOO SLOW, FOR INTERPLANETARY TRAVEL. A ROCKET'S ACCELERATION IS MOST IMPRESSIVE BUT SHORTLIVED, DUE TO THE WEIGHT OF THE FUEL AND THE ENGINE.

ROCKET PROPULSION IS BASED ON SHEER FORCE.

WHEN WE HOLD UP A PALM TO THE SUN, WE FEEL THE HEAT. WHAT WE DON'T FEEL IS THE PRESSURE CAUSED BY THE IMPACT OF PHOTONS ON OUR HAND - 0.000028349 GRAMMES ON AN AVERAGE PALM. A RIDICULOUSLY SMALL AMOUNT. BUT A SAIL MADE OF AN ULTRA-THIN KIND OF ALUMINIUM, A SQUARE KILOMETRE OF WHICH WEIGHS ONLY 20 GRAMMES, CATCHES A FEW KILOS OF PRESSURE IN THE FIRST SECOND, ENOUGH TO PROPEL THE CRAFT HALF A CENTIMETRE FORWARD.

THE SPECIAL THING ABOUT THIS IS THAT ACCELERATION IS CONSTANT: THE SUNLIGHT KEEPS ON SHINING ON THE SAIL. AFTER ONE MINUTE WE ARE TWENTY METRES FURTHER, TRAVELLING AT A SPEED OF 1,5 KILOMETRES AN HOUR. DUE TO THE LACK OF FRICTION IN SPACE, OUR SOLAR SAIL CONTINUES TO ACCELERATE, AND AFTER ONE DAY IS HURTLING FORWARD AT MORE THAN 3000 KILOMETRES AN HOUR. AFTER TWO DAYS IN ORBIT IT HAS GATHERED ENOUGH SPEED TO ESCAPE THE EARTH'S GRAVITY, AND CAN EMBARK ON ITS VOYAGE THROUGH THE SOLAR SYSTEM.

THE SPEEDS REACHED IN THIS FASHION ARE TENS OF TIMES HIGHER THAN THOSE OF ROCKET-PROPELLED CRAFT. AND IF USE WERE MADE OF A SUNLIGHT-FUELLED LASER CANNON ORBITING THE EARTH AND TRAINED ON A SOLAR SAIL, THE NEAREST STAR COULD BE REACHED IN TWENTY YEARS' TIME BY A ROBOT EXPLORER WEIGHING 1500 KILOS.

SOLAR SAILING REMINDS ME OF J.C.J. VAN DER HEYDEN. HIGH SPEEDS, VAST DISTANCES, BUT WITHOUT SENSATIONAL EXPLOSIONS OR TECHNICAL FORCE. HIS ACCELERATION IS LIKE A SOLAR YACHT'S, INSIGNIFICANT AT FIRST, BUT STEADILY

INCREASING WITHOUT FRICTION OR WEAR AND TEAR, AND HENCE FASTER THAN ROARING ROCKET ENGINES.

J.C.J. VAN DER HEYDEN'S PROPULSION IS BASED ON SOMETHING INCREDIBLY TINY: THE MINUSCULE PRESSURE OF LIGHT ON A FILM WEIGHING PRACTICALLY NOTHING.

PERHAPS HE SAILS WITH HIS EYES.

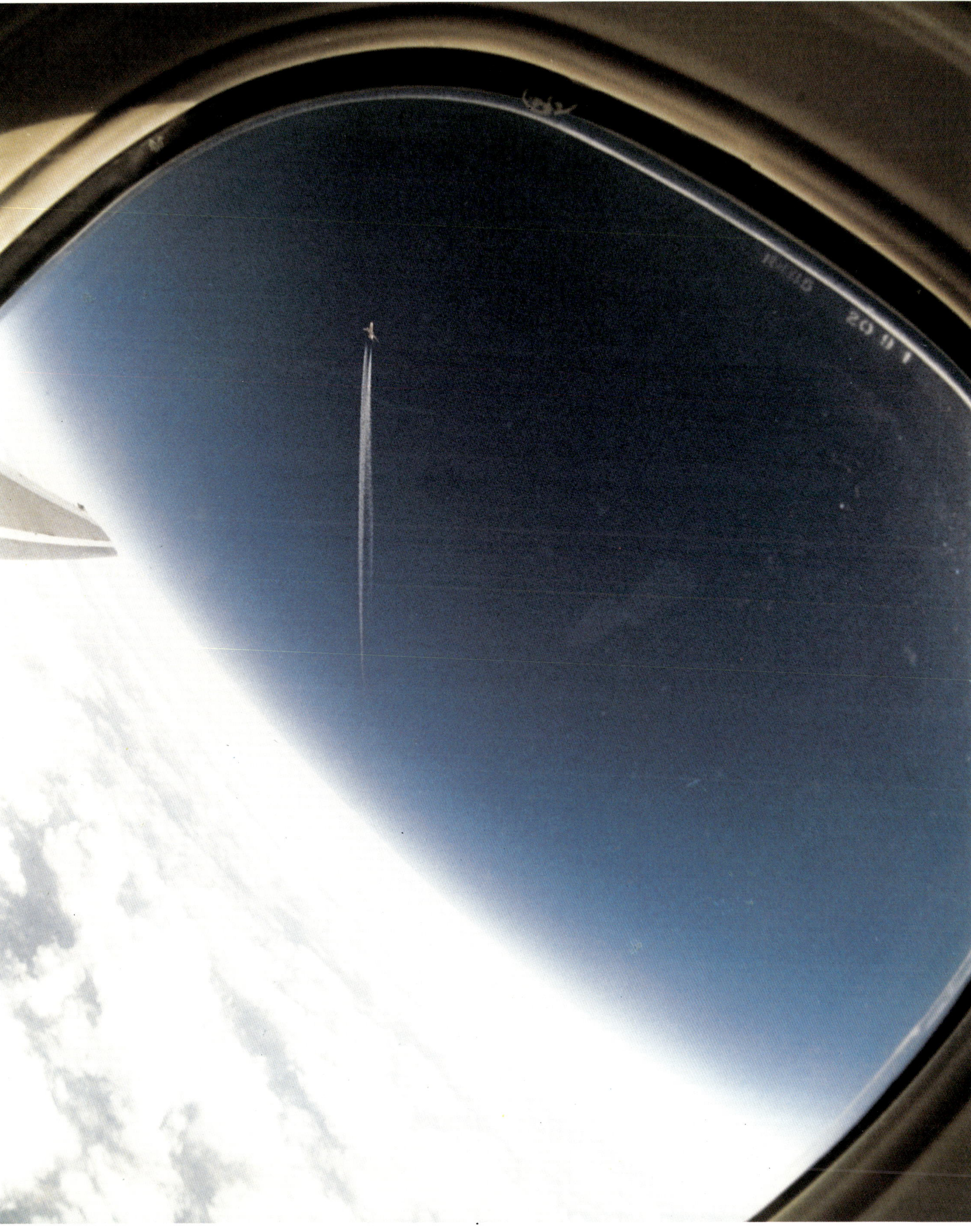

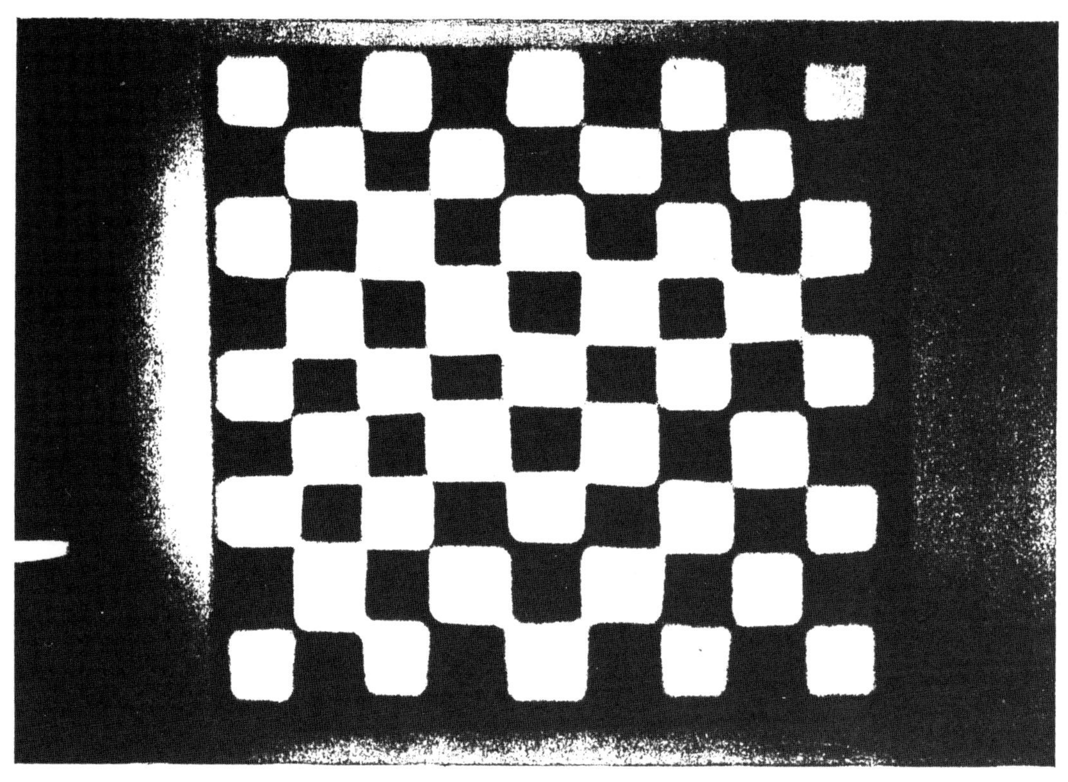

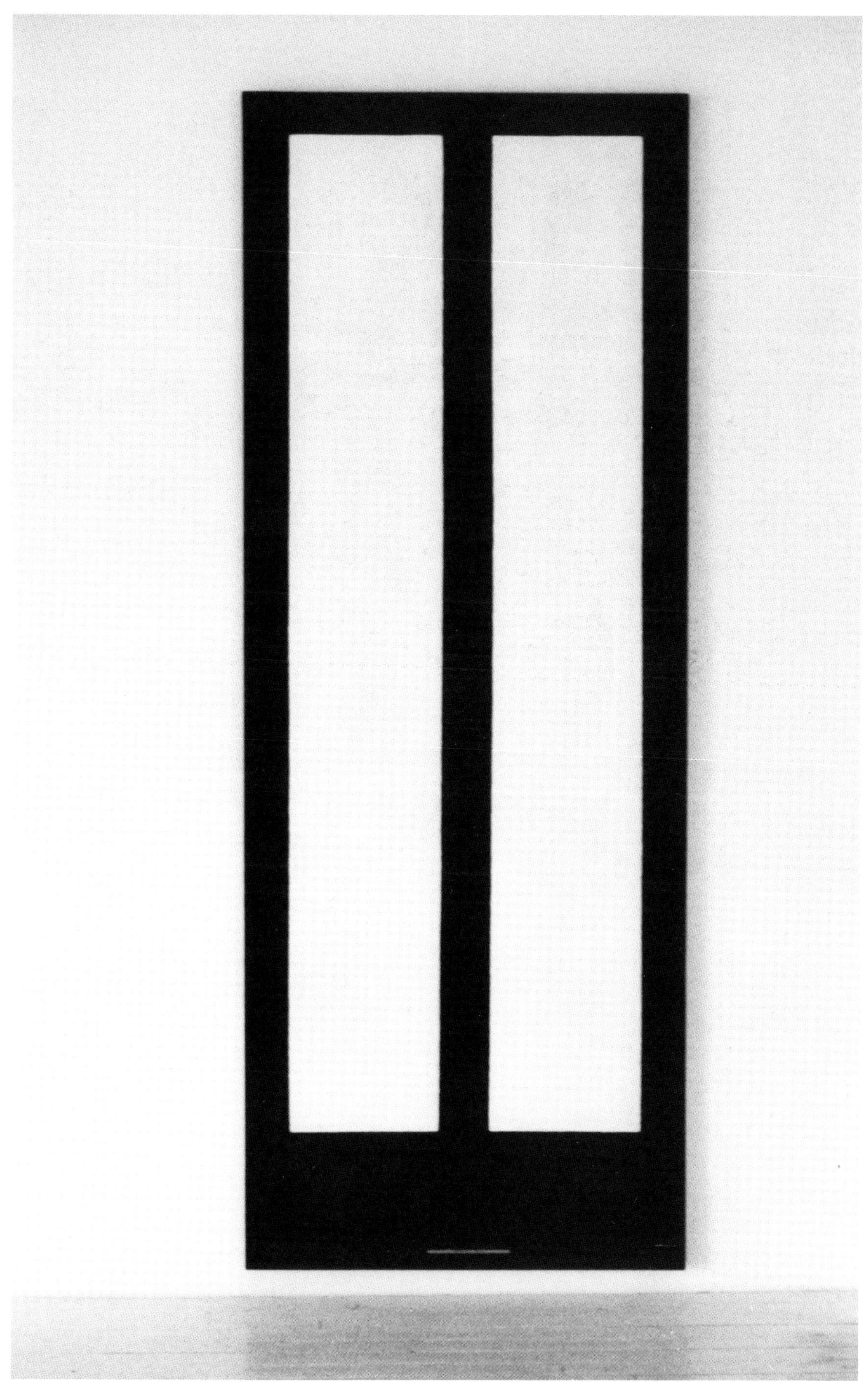

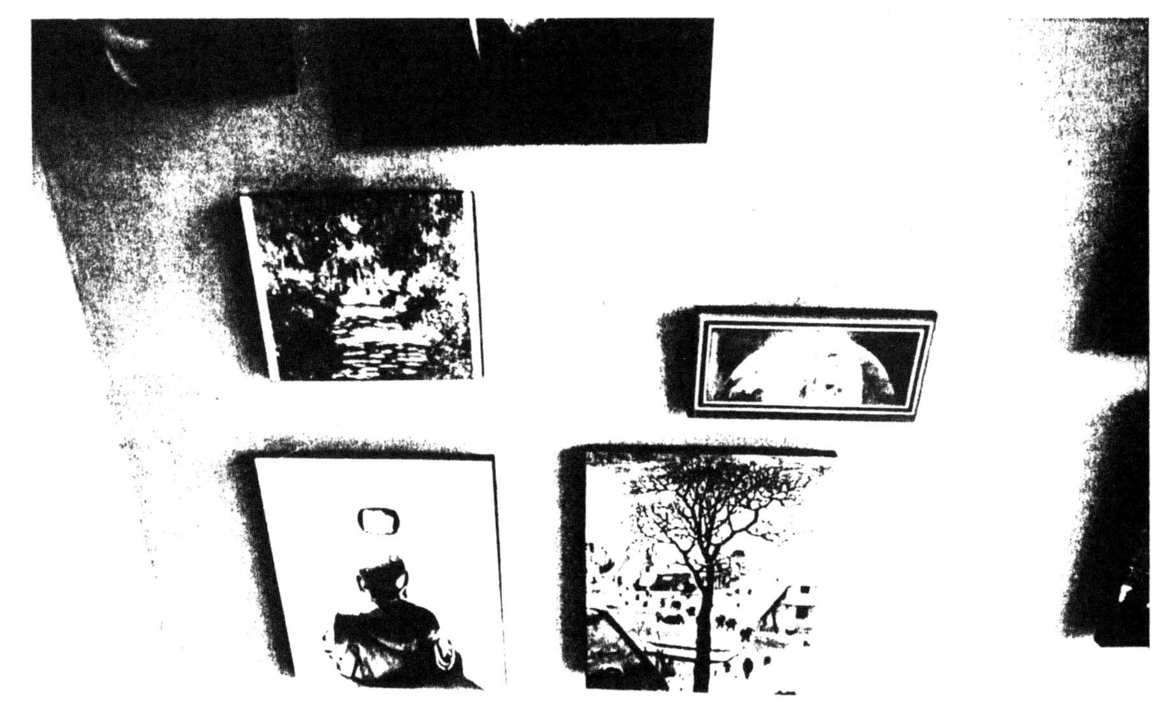

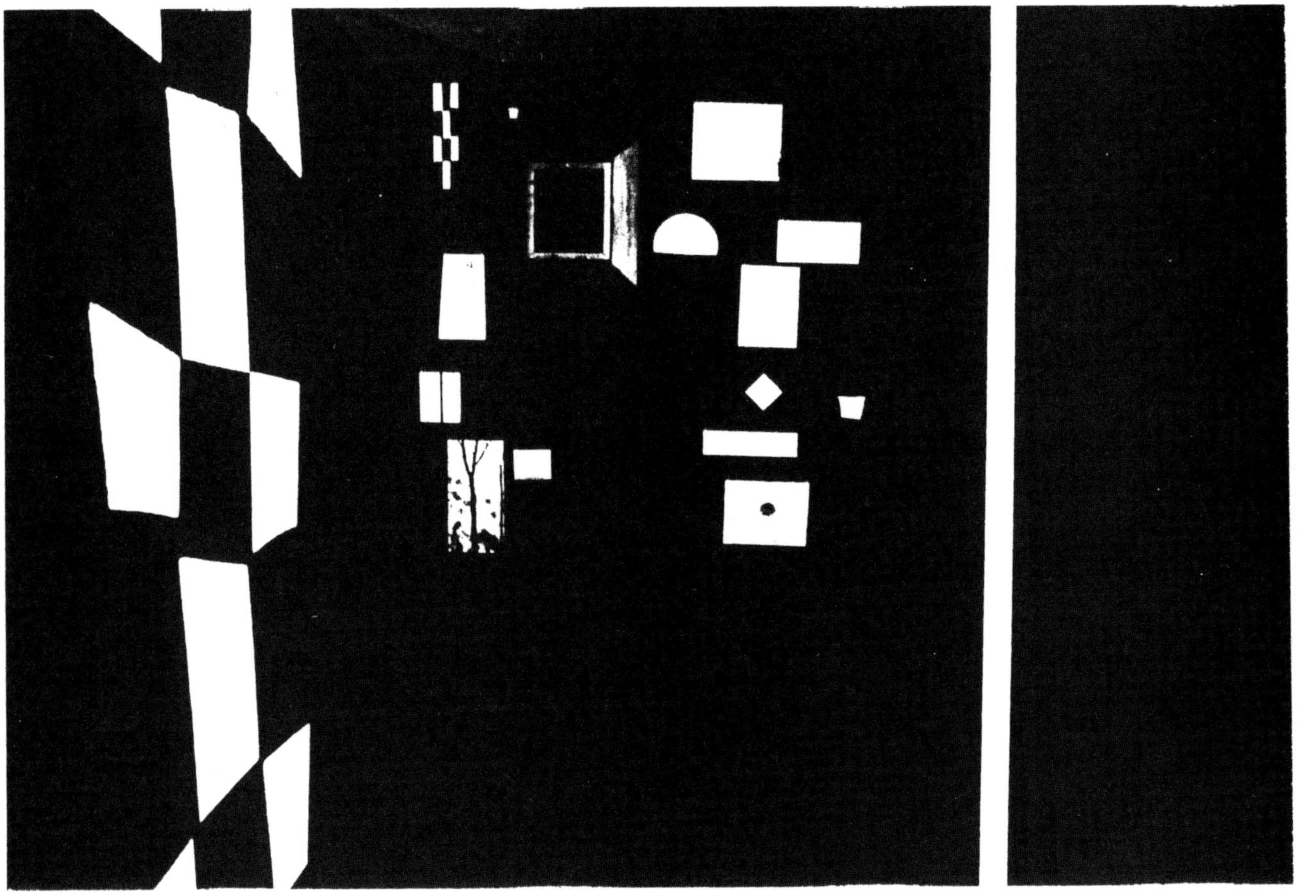

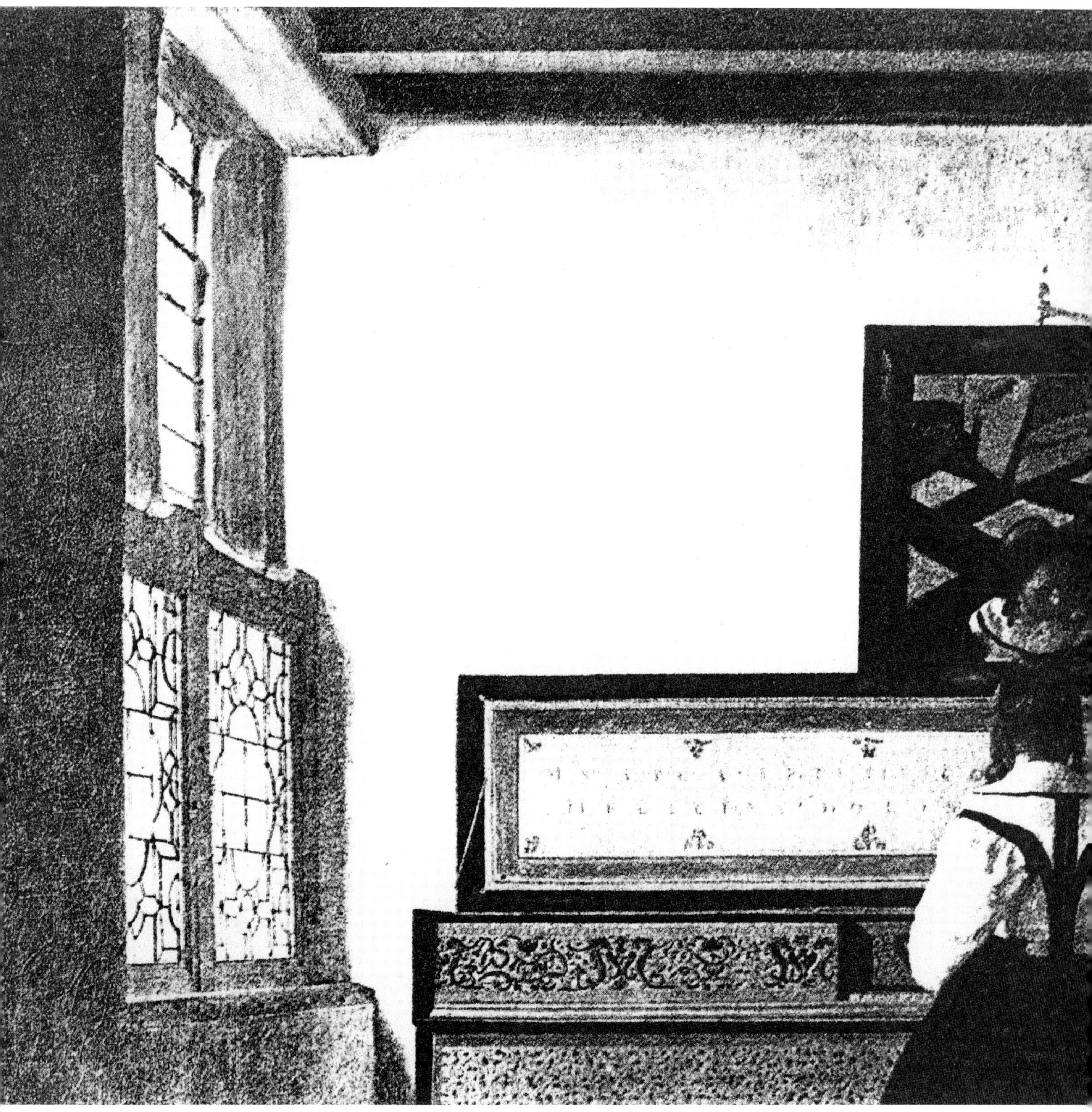

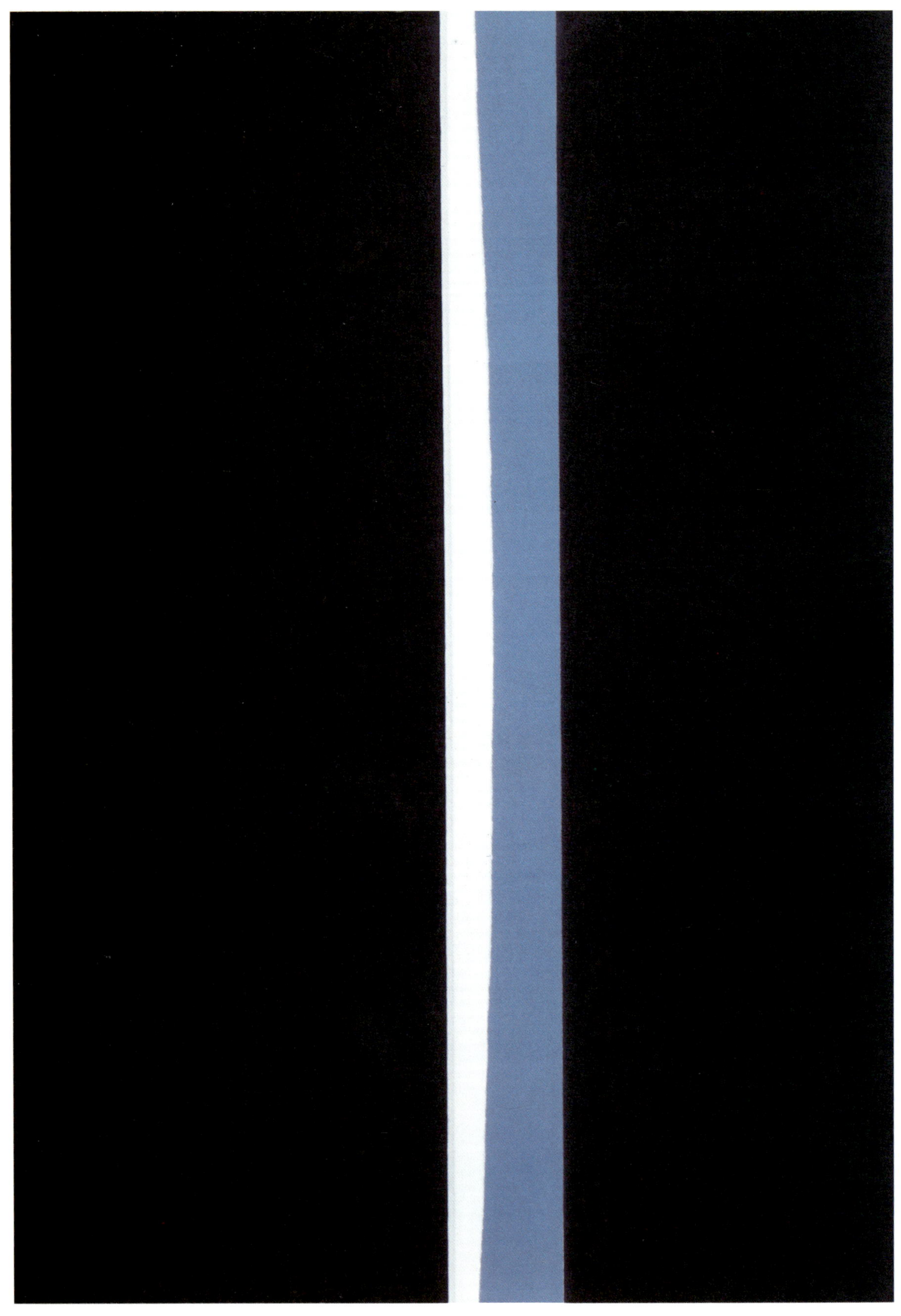

VERTICAL HORIZON

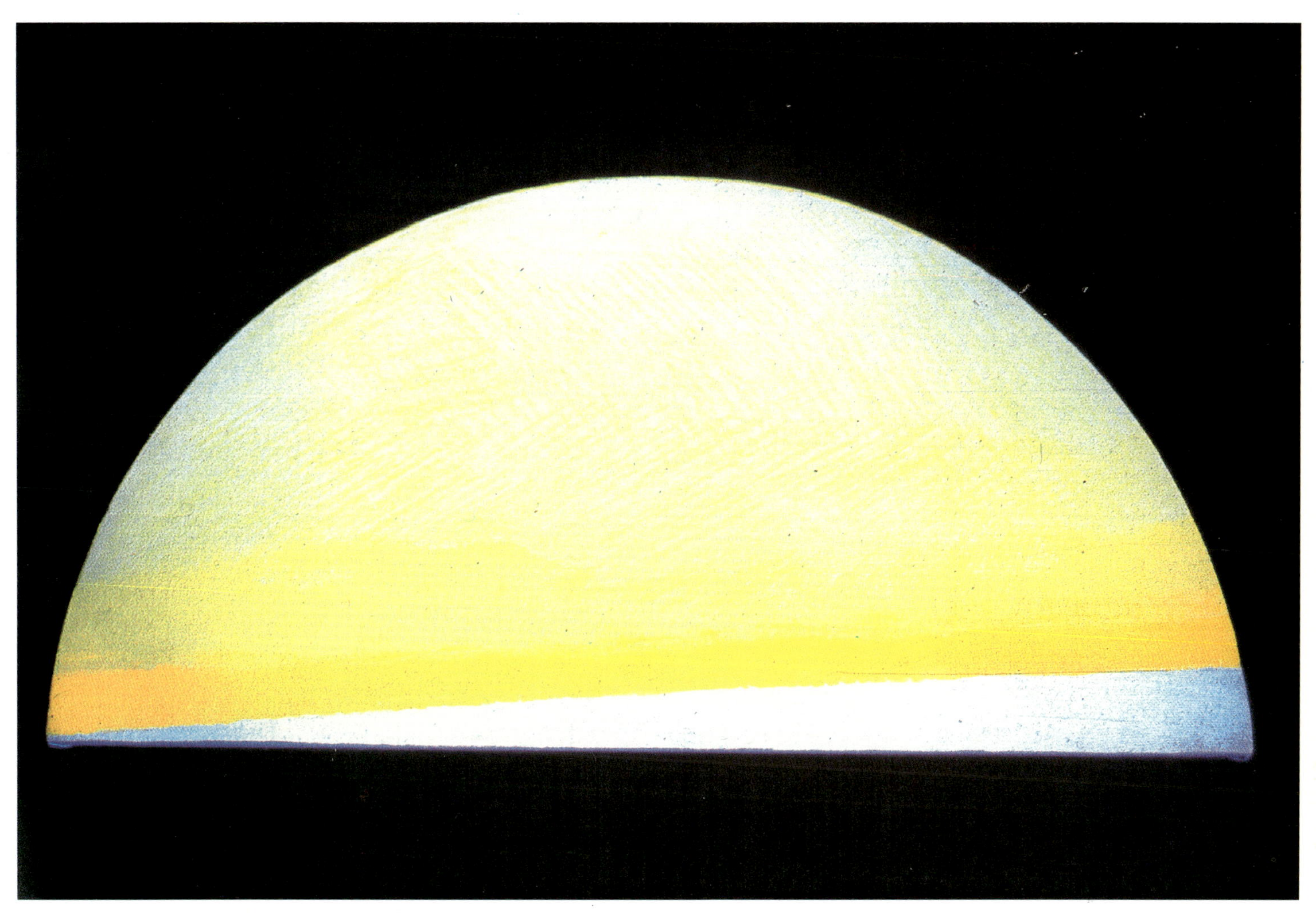

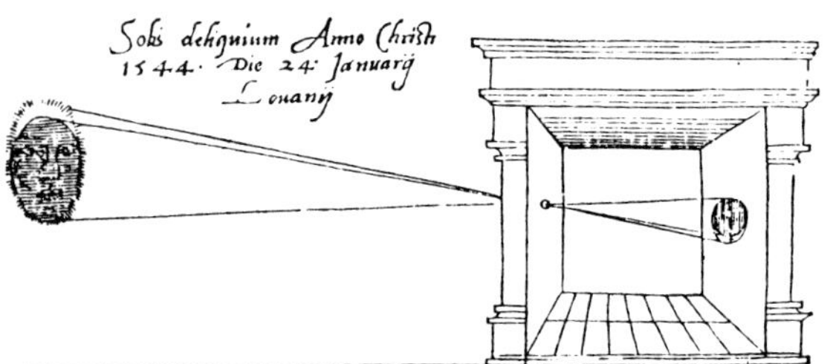

First published illustration of a camera obscura

NOMADIC SHEPHERDS IN SOUTH ETHIOPIA
WERE OBSERVED TO HOLD PICTURE
POSTCARDS SIDEWAYS, SO THAT THE
HORIZON WAS VERTICAL.

BIJ NOMADISCHE HERDERS IN HET ZUIDEN
VAN ETHIOPIË, VIEL HET OP DAT DE
HERDERS ANSICHTKAARTEN OP HUN KANT
HIELDEN, MET DE HORIZON VERTICAAL.

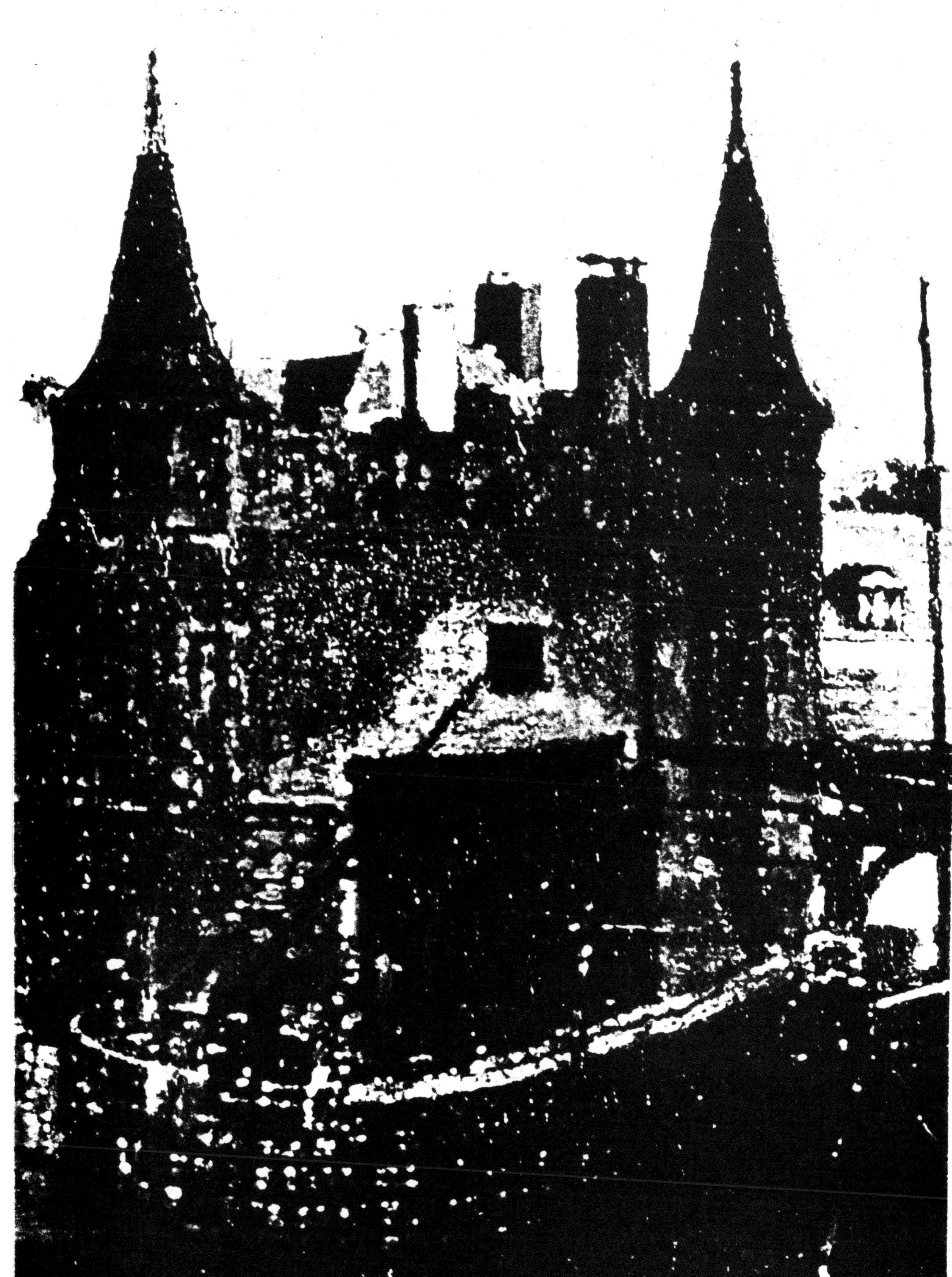

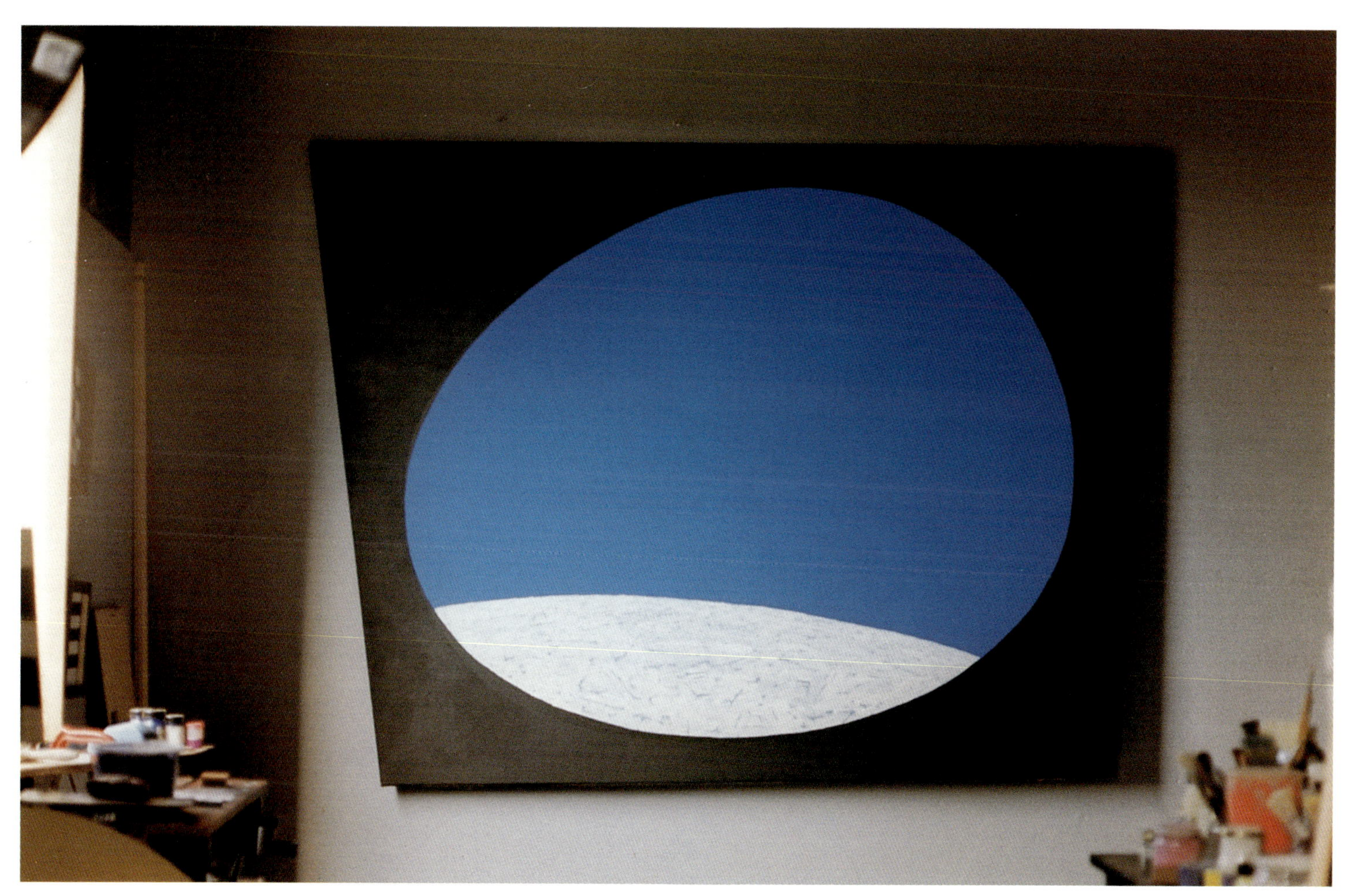

CURVED SKYLINE

VAN DUALITEIT VIA MULTI-DIMENSIONALITEIT

NAAR HET INZICHT IN LEEGTE EN LIEFDE

DE HORIZONSCHILDERIJEN EN DE 'CHECKERBOARD' PAINTINGS VAN J.C.J. VAN DER HEYDEN VISUALISEREN (VOOR MIJ) DE LAATSTE ONTDEKKINGEN VAN DE ELEMENTAIRE DEELTJES FYSICA, DIE WIJZEN OP HET ONTBREKEN VAN DUALITEIT TUSSEN GEEST EN MATERIE.
HET KANTELEN VAN DE HORIZON DAARNA GEEFT AAN DAT J.C.J. ZICH LOSMAAKT UIT DE VERSTARRING VAN TWEE- EN DRIEDIMENSIONALE BEELDTAAL EN ONS DEEL MAAKT VAN DE VEEL WAARHEIDSGETROUWER MULTI-DIMENSIONALE WERKELIJKHEID.
MET 'VERTIKALE HORIZON' BEWIJST HIJ ONS DAT NIETS UITEINDELIJK BESTAAT. DAT INZICHT LEIDT ONVERMIJDELIJK TOT DE CONCLUSIE DAT ALLEEN POSITIVITEIT EN LIEFDE CONTINUÏTEIT HEBBEN.
IN DAT LICHT STAAT EEN OPMERKING VAN HEM ALS: "LOVE IS THE POSITIVE ENERGY FOR SURVIVING".

EEN STRAALJAGER TREKT 'UIT HET NIETS' EEN STRAKKE WITTE LIJN IN DE HELDER BLAUWE LUCHT. WANNEER EEN VACUÜM SAMEN- GEDRUKT WORDT VERSCHIJNEN ER DEELTJES DIE ER DAARVOOR NIET WAREN. DE BOEDDHISTISCHE MADHYAMIKA THEORIE STELT DAT GEEST EN MATERIE ONDERLING AFHANKELIJK ZIJN. MATERIE IS INHERENT AAN LEEGTE.
ALS WE UITKIJKEN OVER HET LAND, DE ZEE, HET WOLKENDEK ALS WE IN EEN VLIEGTUIG ZITTEN, DAN ZIEN WE DE HORIZON, DE LIJN, WAAR GROVERE MATERIE GESCHEIDEN LIJKT VAN MINDER GROVE MATERIE. MAAR ALS WE DIE OVERGANG WILLEN VASTSTELLEN DAN ZIJN DE VERSCHILLEN TE SUBTIEL OM DOOR ONS VASTGELEGD TE WORDEN.

ALS J.C.J. VAN DER HEYDEN DAN OOK NOG DIE HORIZON, DIE VOORHEEN ALTIJD HORIZONTAAL WERD AFGEBEELD, OP VELE MANIEREN SCHUIN ZET - ZOALS WIJ DAT VLIEGEND ZELF KUNNEN ERVAREN - DAN WORDT HIJ EEN BELANGWEKKENDE VERTOLKER VAN DE MULTI-DIMENSIONALITEIT DIE DE WETENSCHAP VAN DE LAATSTE DECENNIA MET STEEDS MEER OVERTUIGING INTRODUCEERT.

DOOR DE LIJN TUSSEN DONKER EN LICHT, TUSSEN GROVE EN MINDER GROVE MATERIE, DE FUNDAMENTELE DUALITEIT DIE TEN GRONDSLAG LIGT AAN DE RELATIEVE WERKELIJKHEID WAARIN WIJ ONS BEVINDEN, ALLEREERST CENTRAAL TE STELLEN IN ZIJN WERK, STOOT J.C.J. VAN DER HEYDEN DOOR NAAR DE MEEST ESSENTIËLE FILOSOFISCHE THEORIE VAN DUALITEIT.

DOOR AAN DIE DUALITEIT DIREKT DE MULTI- DIMENSIONALITEIT TE KOPPELEN, IS HIJ EEN VOORBODE VAN EEN BELANGWEKKENDE OMMEKEER IN DE WESTERSE WETENSCHAPPELIJKE WERELD.

DOOR DE SCHUINE HORIZON OOK NOG RECHTOP TE DURVEN ZETTEN, VERLAAT HIJ DE RELATIEVE WERKELIJKHEID TOTAAL EN PLAATST ZICH IN TERMEN VAN BEELDENDE KUNST IN DE TRADITIE VAN O.A. JOSEPH BEUYS DIE DOOR ZIJN WANG OP VET TE LEGGEN (1965) AANDUIDT DAT UITEINDELIJK DE 'WARME' KRACHT VAN LIEFDE EN MEDEDOGEN DE BETROUWBARE VORMGEVER IS.

VOOR DE RENAISSANCE WERD ALLE BEELDTAAL UITGEDRUKT IN HET PLATTE VLAK. AAN HET EIND VAN DE MIDDELEEUWEN KWAMEN ER RONDINGEN IN DE BEELDTAAL VAN DE EUROPESE KUNSTENAAR. IN 1492 WAS DE WERELD ZO ROND DAT COLUMBUS NIET BANG MEER WAS ER AF TE VALLEN EN 'ONTDEKTE' HIJ AMERIKA.

NIET ALLEEN DE ONTDEKKINGEN VAN VERRE LANDEN HEBBEN WIJ TE DANKEN AAN DE VRIJDENKENDHEID VAN BEELDENDE KUNSTENAARS, OOK DE MECHANISTISCHE WETENSCHAP VAN NEWTON EN DESCARTES BASEERT ZICH OP HET PERSPEKTIEF DAT DOOR DE BEELDENDE KUNST WERD GEÏNTRODUCEERD, WANT ALS WE ONSZELF OP EEN VAST PUNT PLAATSEN WORDT VANAF DAT PUNT ALLES MEETBAAR. DAT UITGANGSPUNT WAS DE AANLEIDING TOT HET MECHANISTISCHE WERELDBEELD DAT DRIE EEUWEN LANG HET WESTERSE LEVEN IN HAAR GREEP HEEFT GEHOUDEN.

DOOR DE UITVINDING VAN HET FOTOTOESTEL EN DE FILMCAMERA KONDEN BEELDENDE KUNSTENAARS MIDDEN VORIGE EEUW ONTSNAPPEN UIT DE VAL DIE ZIJ VOOR ZICHZELF HADDEN OPGEZET EN ZICH ONTTREKKEN AAN DE OPDRACHT DE LEEFOMGEVING AF TE BEELDEN ZOALS WIJ DIE DENKEN WAAR TE NEMEN.
ALS EERSTE BOOD HET IMPRESSIONISME RUIMTE VOOR MEER DAN ÉÉN INTERPRETATIE VAN DE ZOGENAAMDE WERKELIJKHEID.
HET KUBISME DAARNA, MAAR VOORAL MONDRIAAN MET ZIJN OPDELING IN LIJNEN EN KRUISEN EN MALEVICH MET HET IN BEELD BRENGEN VAN DE 'VIERDE' DIMENSIE, VERRUIMDEN DE BEELDENDE KUNST ZODANIG DAT MARCEL DUCHAMP VOORBIJ KON GAAN AAN HET ZINTUIGLIJKE ERVAREN EN KON WIJZEN OP HET BELANG VAN DE CONCEPTUELE ERVARING.

JOHN CAGE, LEERLING VAN MARCEL DUCHAMP, GAF AAN DAT DE LITERAIRE INTERPRETATIE VAN HET BESTAAN NIET MEER OPGAAT. CAGE ZEGT: "THERE ARE SO MANY OF US THAT THE IDEA OF DOING, FEELING OR THINKING AS ANOTHER ONE DOES IS ALMOST UNPLEASANT" EN "WE REALIZE THAT EACH INSTANT IS UNIQUE. WE HAVE TO BE IN IMMEDIACY OF THE PRESENT MOMENT."
DAT ZIJN INZICHTEN DIE J.C.J. VAN DER HEYDEN MOEITELOOS AANVAARDT DOOR OP TE HOUDEN MET TRADITIONEEL SCHILDEREN EN EEN KOMPLETE VISIE OP DE WERKELIJKHEID IN BEELD TE BRENGEN.
UITSPRAKEN VAN J.C.J. VAN DER HEYDEN ALS: "ART IS NOT EXISTING IN RULES OR IN HISTORY. IN ART ONE MAKES THE RULES ONESELF. ART IS A RESULT OF AN ATTITUDE" EN "AN ARTIST SHOULD LIVE BY THE DAY. I KNOW NOTHING ABOUT THE FUTURE" ZIJN DIREKT IN VERBAND TE BRENGEN MET MARCEL DUCHAMP, JOHN CAGE EN JOSEPH BEUYS. BOVENDIEN STAAT ZIJN BEELDTAAL IN DE KERN VAN DE HUIDIGE VERANDERINGEN IN DE WESTERSE WETENSCHAP. HIJ ZEGT ZELF: "NEW SCIENCE IS A PARALLEL OF WHAT ARTISTS ARE DOING. IT'S THE SAME REFLECTION."

DAARMEE IS J.C.J. VAN DER HEYDEN (VOOR MIJ) EEN GROOT VERTEGENWOORDIGER VAN DE HEDENDAAGSE VISUELE KUNST. VOORDAT EEN INZICHT LITERAIR IN WETENSCHAPPELIJKE OF FILOSOFISCHE BEGRIPPEN GEVAT KAN WORDEN, ZET HIJ ONS VOOR HET BEELD DAT IN ONZE DIREKTE PERCEPTIE OP INTUÏTIEF NIVEAU DE PROBLEMATIEK DUIDELIJK MAAKT DIE WIJ IN STAAT ZIJN OP TE LOSSEN.

MIJN LIEVELINGSWERK VAN J.C.J. VAN DER HEYDEN IS HET DOEK 'VERTICAL HORIZON', DAT VOOR MIJ DE TRANSFORMATIE UITBEELDT WAARTOE WIJ IN ONZE TIJD IN STAAT ZIJN. DAT DOEK VERBEELDT HET LOSLATEN VAN ONZE GEHECHTHEDEN, OMDAT DAARUIT ALLE LIJDEN ONTSTAAT, EN HET BRENGT DUIDELIJK HET INZICHT IN LEEGTE NAAR VOREN DAT ZEGT DAT NIETS OP ZICH ZELF BESTAAT EN WIJ GELUK KUNNEN REALISEREN ALS WE DE ENIGE CONSTANTE FAKTOR DIE ER IS, NAMELIJK LIEFDE, LATEN VOORGAAN OP DE DOODLOPENDE WEGEN DIE ONS EGO ONS INSTUURT. OM MET J.C.J. TE SPREKEN: "THERE IS NO FEAR IN A MOMENT OF LOVE".

LOUWRIEN WIJERS

TO ME, J.C.J. VAN DER HEYDEN'S HORIZON AND CHECKERBOARD PAINTINGS ARE MANIFESTATIONS OF THE LATEST DISCOVERIES IN ELEMENTARY PARTICLE PHYSICS, WHICH DENY THE DUALITY OF SPIRIT AND MATTER. AFTER THIS, THE TILTED HORIZON SUGGESTS THAT J.C.J. HAS SHAKEN OFF THE CONSTRAINTS OF TWO AND THREE-DIMENSIONAL IMAGERY, ADMITTING US TO A MULTI-DIMENSIONAL REALITY WHICH IS FAR CLOSER TO TRUTH.
WITH 'VERTICAL HORIZON' HE PROVES THAT IN THE END NOTHING EXISTS. THIS INSIGHT LEADS INEVITABLY TO THE CONCLUSION THAT ONLY POSITIVENESS AND LOVE ARE PERPETUAL. A REMARK LIKE "LOVE IS THE POSITIVE ENERGY FOR SURVIVING" IS TO BE SEEN IN THIS LIGHT.

A JETPLANE, 'OUT OF THE BLUE', TRAILS A STRAIGHT WHITE LINE THROUGH THE BRIGHT SKY. WHEN A VACUUM IS COMPRESSED, PARTICLES APPEAR WHICH WERE NOT THERE BEFORE. ACCORDING TO THE BUDDHIST MADHYAMIKA THEORY, SPIRIT AND MATTER ARE INTERDEPENDENT. MATTER IS INHERENT TO VOID.
GAZING OUT OVER THE LAND, THE SEA, THE BLANKED CLOUDS FROM AN AEROPLANE, WE SEE THE HORIZON, THE LINE WHICH SEEMS TO SEPARATE COARSER MATTER FROM LESS COARSE MATTER. BUT THE DIFFERENCES ARE TOO SUBTLE FOR US TO PINPOINT THE TRANSITION.

WHEN J.C.J. VAN DER HEYDEN TILTS THAT HORIZON, PREVIOUSLY ALWAYS DEPICTED AS A HORIZONTAL, AT VARIOUS ANGLES - THE WAY IT LOOKS FROM AN AEROPLANE - HE BECOMES AN INTERESTING INTERPRETER OF A MULTI-DIMENSIONALITY WHICH SCIENCE HAS BEEN POSITING FOR THE PAST FEW DECADES IN AN INCREASINGLY CONVINCING MANNER.

BY FOCUSSING ON THE LINE BETWEEN DARK AND LIGHT, BETWEEN COARSE AND LESS COARSE MATTER, THE FUNDAMENTAL DUALITY ON WHICH OUR PRESENT RELATIVE REALITY IS BASED, J.C.J. VAN DER HEYDEN BROACHES THE ESSENCE OF THE PHILOSOPHICAL THEORY OF DUALITY.

BY GEARING THAT DUALITY DIRECTLY TO MULTI-DIMENSIONALITY, HE HERALDS A SIGNIFICANT CHANGE IN THE WESTERN SCIENTIFIC WORLD.

IN DARING TO VERTICALIZE THE HORIZON HE TOTALLY ABANDONS RELATIVE REALITY, PLACING HIMSELF IN TERMS OF ART IN THE TRADITION OF, SAY, JOSEPH BEUYS WHO, BY LAYING HIS CHEEK ON GREASE (1965) INDICATED THAT IN THE END THE 'WARM' POWER OF LOVE AND COMPASSION IS THE DEPENDABLE DESIGNER.

PRIOR TO THE RENAISSANCE, ALL IMAGERY WAS EXPRESSED IN THE FLAT PLANE. AS THE MIDDLE AGES WANED, EUROPEAN ARTISTS INTRODUCED ROUNDED SHAPES TO THEIR IMAGERY. BY 1492 THE WORLD WAS SO ROUND THAT COLUMBUS WAS NO LONGER SCARED OF FALLING OFF, AND 'DISCOVERED' AMERICA.

THE DISCOVERY OF FAR-OFF LANDS IS NOT ALL WE OWE TO THE LIBERATED IDEAS OF ARTISTS; THE MECHANISTIC SCIENCE OF NEWTON AND DESCARTES IS ALSO BASED ON PERSPECTIVE IN ART, FOR WHEN WE ADOPT A FIXED VIEWPOINT, EVERYTHING CAN BE MEASURED FROM IT.

THIS POINT OF DEPARTURE GENERATED THE MECHANISTIC IMAGE OF THE WORLD WHICH HAS HELD WESTERN LIFE IN ITS GRASP FOR THREE CENTURIES.

THE INVENTION OF PHOTOGRAPHY AND CINEMATOGRAPHY ENABLED MID-19TH CENTURY ARTISTS TO ESCAPE THEIR SELF-SET TRAP AND THE TASK OF DEPICTING THEIR SURROUNDINGS IN THE WAY PEOPLE THINK THEY SEE THEM. IMPRESSIONISM WAS THE FIRST MOVEMENT TO COUNTENANCE MORE THAN ONE INTERPRETATION OF ALLEGED REALITY. SUBSEQUENTLY CUBISM, BUT MORE PARTICULARLY MONDRIAN'S REDUCTION TO LINES AND CROSSES AND MALEVICH'S INTRODUCTION OF THE 'FOURTH' DIMENSION, ENLARGED THE SCOPE OF ART TO SUCH AN EXTENT THAT MARCEL DUCHAMP WAS ABLE TO BYPASS SENSORY EXPERIENCE AND INDICATE THE IMPORTANCE OF CONCEPTUAL EXPERIENCE.

JOHN CAGE, MARCEL DUCHAMP'S PUPIL, CLAIMED THAT THE LITERARY INTERPRETATION OF EXISTENCE NO LONGER WORKS. CAGE: "THERE ARE SO MANY OF US THAT THE IDEA OF DOING, FEELING OR THINKING AS ANOTHER ONE DOES IS ALMOST UNPLEASANT" AND "WE REALIZE THAT EACH INSTANT IS UNIQUE. WE HAVE TO BE IN THE IMMEDIACY OF THE PRESENT MOMENT."
THESE ARE IDEAS WHICH J.C.J. VAN DER HEYDEN HAS NO TROUBLE IN ACCEPTING: HE STOPPED PAINTING TRADITIONALLY, AND DEPICTS A COMPLETE VISION OF REALITY. STATEMENTS HE HAS MADE SUCH AS: "ART IS NOT EXISTING IN RULES OR IN HISTORY. IN ART ONE MAKES THE RULES ONESELF. ART IS A RESULT OF AN ATTITUDE" AND "AN ARTIST SHOULD LIVE BY THE DAY. I KNOW NOTHING ABOUT THE FUTURE" ARE TO BE SEEN IN THE DIRECT CONTEXT OF MARCEL DUCHAMP, JOHN CAGE AND JOSEPH BEUYS. HIS IMAGERY ALSO HINGES ON CURRENT CHANGES IN WESTERN SCIENCE. AS HE PUTS IT: "NEW SCIENCE IS A PARALLEL OF WHAT ARTISTS ARE DOING. IT'S THE SAME REFLECTION."

THAT IS WHAT MAKES J.C.J. VAN DER HEYDEN (TO ME) A GREAT REPRESENTATIVE OF CONTEMPORARY ART. BEFORE AN IDEA CAN BE EXPRESSED LITERALLY IN SCIENTIFIC OR PHILOSOPHICAL TERMS, HE SHOWS US THE IMAGE WHICH CLARIFIES IN OUR DIRECT PERCEPTION ON AN INTUITIVE LEVEL THE PROBLEMS WE ARE CAPABLE OF SOLVING.

MY FAVOURITE WORK OF HIS IS 'VERTICAL HORIZON', WHICH TO ME REFLECTS THE POTENTIAL TRANSFORMATION OF OUR TIMES. THE CANVAS DEPICTS THE LOOSENING OF OUR BONDS FROM WHICH ALL SUFFERING STEMS; IT FOCUSES ON WHAT IS KNOWN ABOUT EMPTINESS, THE KNOWLEDGE THAT NOTHING EXISTS ON ITS OWN, THAT HAPPINESS CAN BE ATTAINED IF WE ALLOW THE SOLE CONSTANT FACTOR - LOVE - TO PRECEDE US IN THE BLIND ALLEYS INTO WHICH OUR EGOS SEND US. TO QUOTE J.C.J.: "THERE IS NO FEAR IN A MOMENT OF LOVE."

LOUWRIEN WIJERS

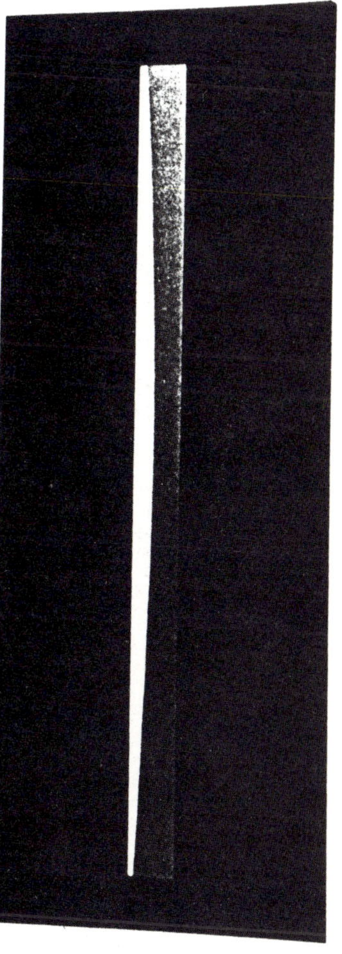

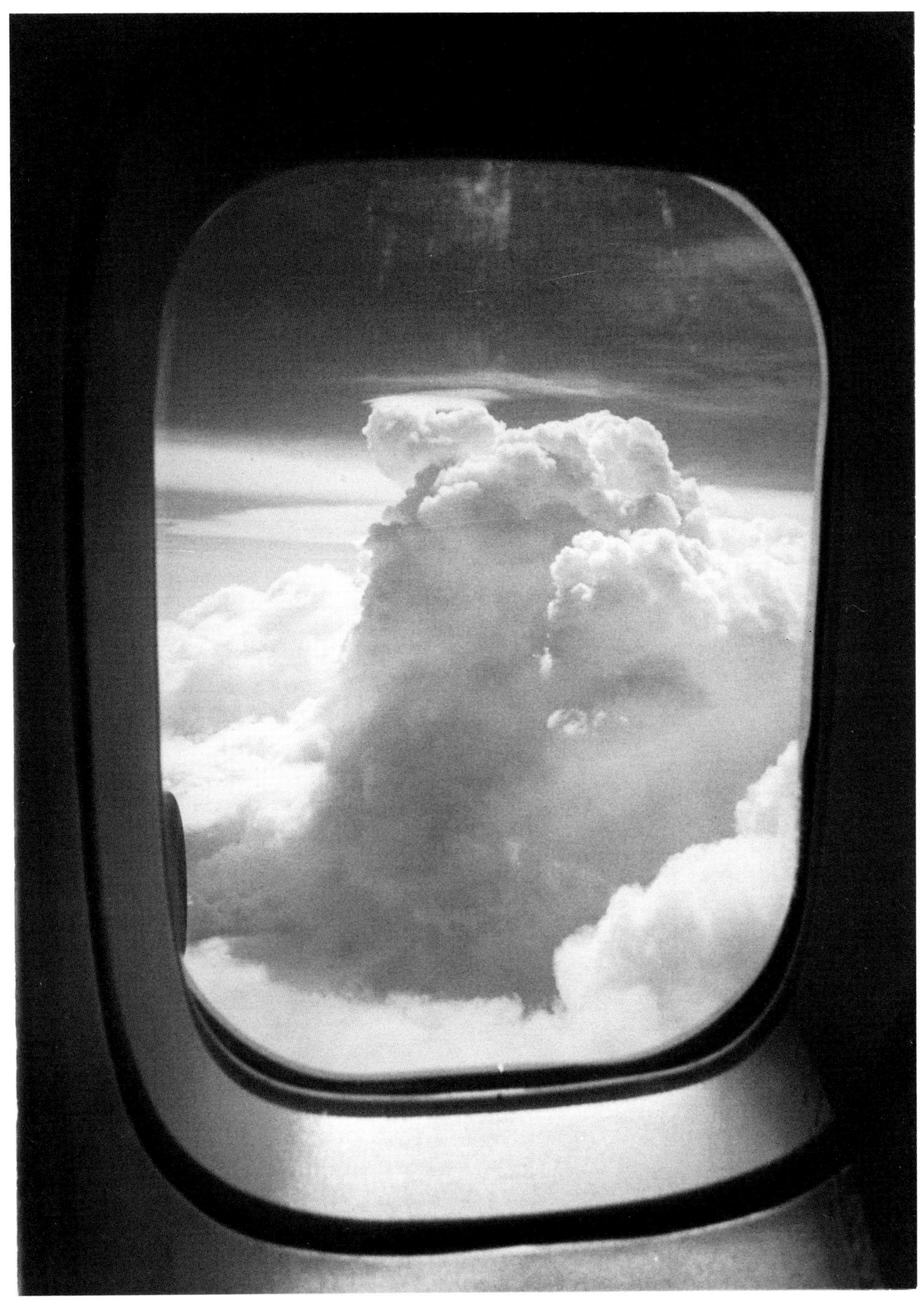

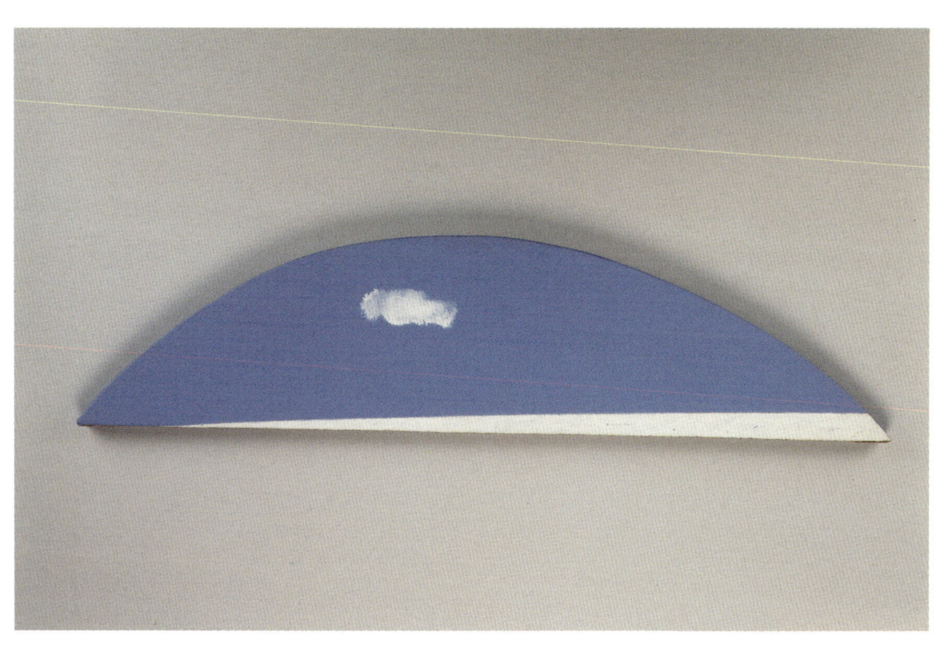

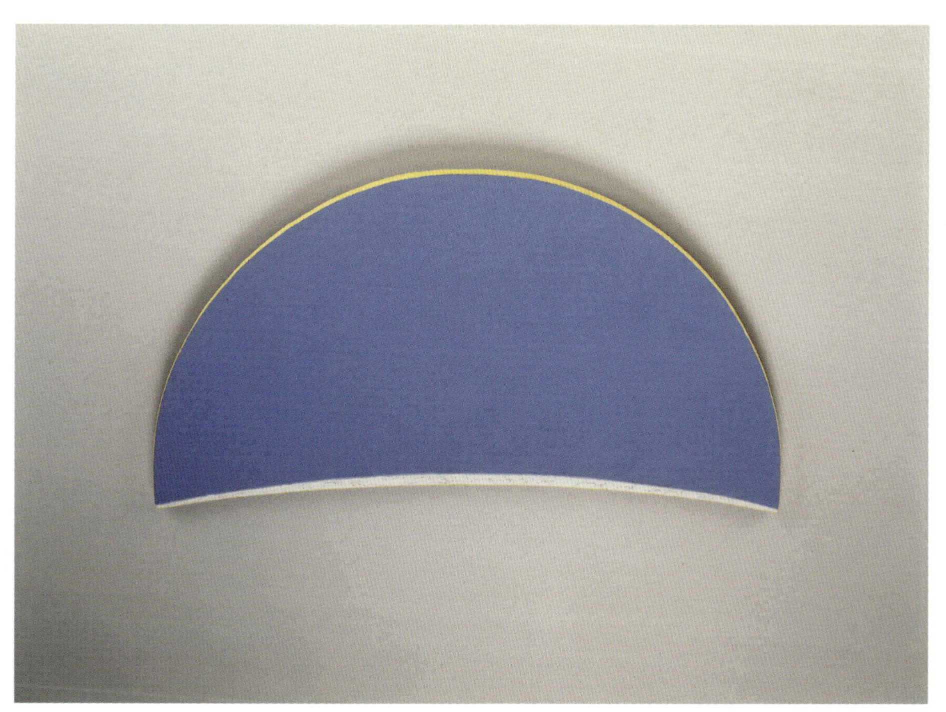

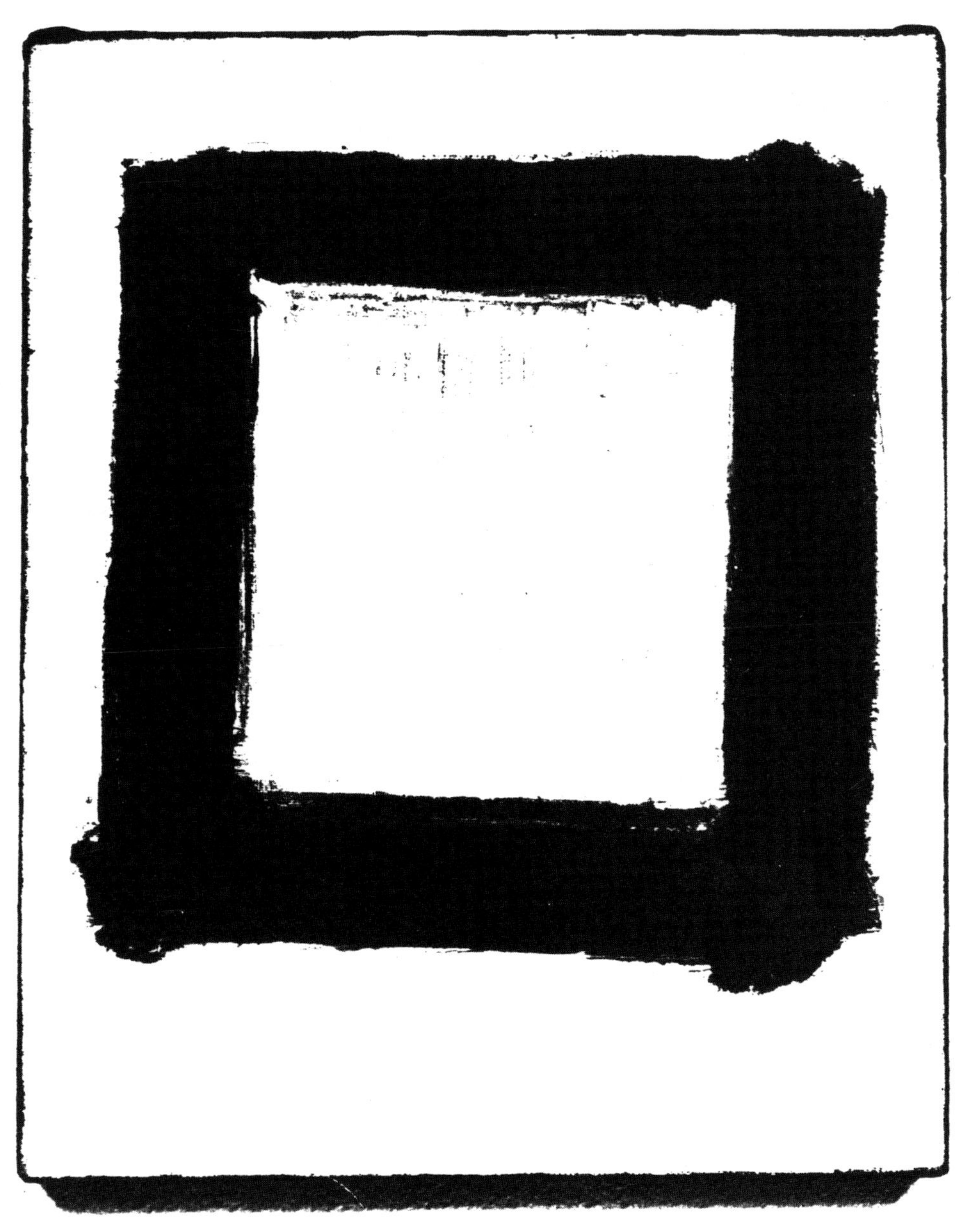

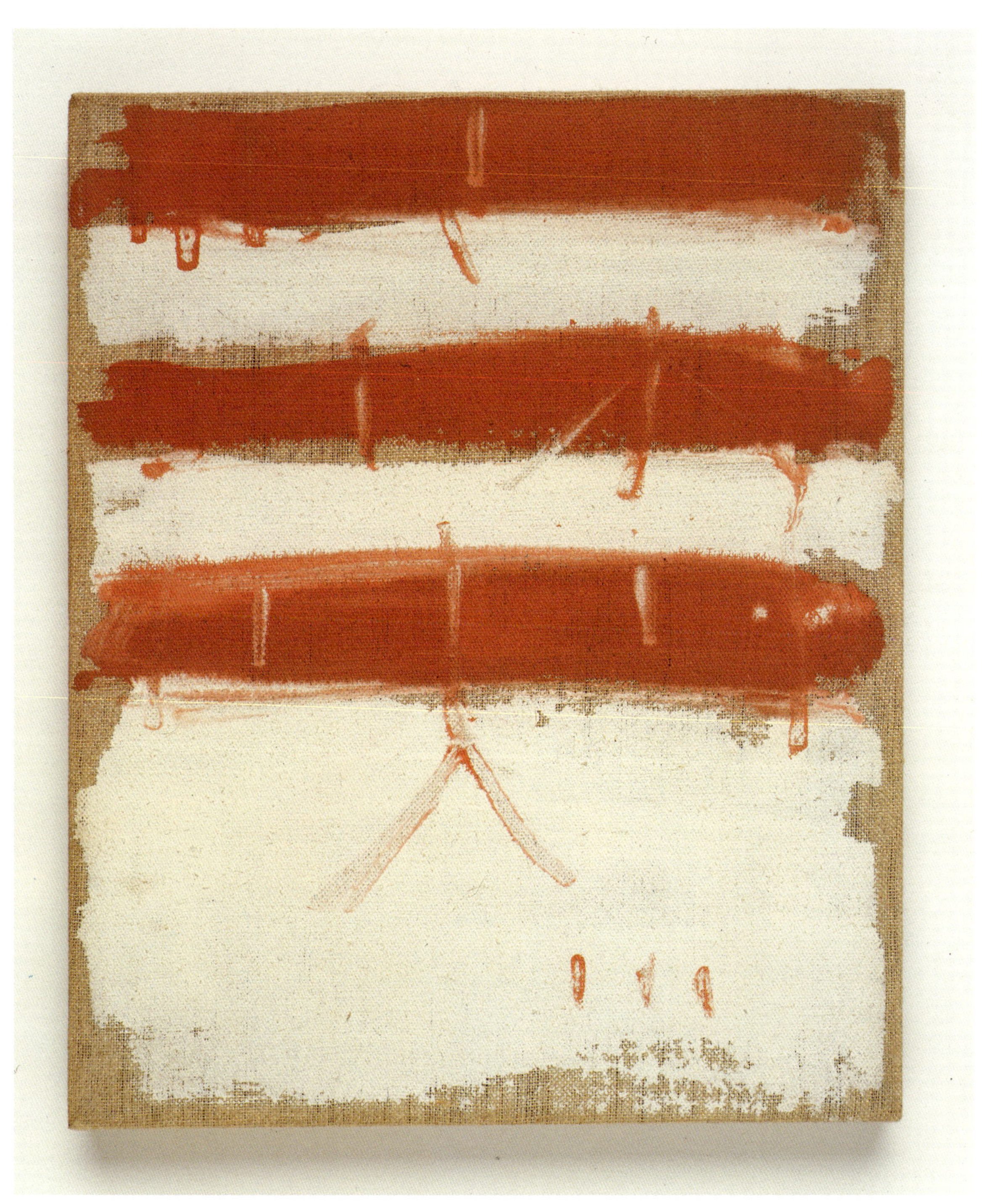

1928 Geboren. 1946-1956 Studie. 1957-1966 Schilderen
en druktechnieken. 1967 Opgehouden met schilderen.
1968 Stipendium voor onderzoek van licht, tijd en
ruimte. 1969 Studie elektro-akoestiek, geluid en beeld.
TV produktie. 1970 Grote verveling. 1971 Gast-
docentschap voor experimenten en videografie. 1972
Openlucht atelier (248 bomen) 1973-'74 Bouwen van
cabines. Tijdservaringen: kalender, klok en partituur.
1975-'76 Vliegen en schilderen als nieuwe
onderneming. 1977 Verblijf in het verre oosten. 1978
Retrospectief boek en tentoonstelling na tien jaar.
1979 Tocht door Himalaya. 1980 Fotografie en
schilderen. 1981-'83 Publicaties en tentoonstellingen.
Boek met werk van twintig jaar. 1983 Zondagsjaar.
1984-'86 Gastdocentschappen. 1986 Reis naar Nepal.
1987 Docent Rijksacademie Amsterdam. 1989 Reis
door China. 1990 Over Noordpool naar Japan.
Deelname aan "Art meets science and spirituality"
symposion.

CHRONOLOGY

1928 Born. 1946-1956 Studies. 1957-1966 Painting and
printmaking. 1967 Stopped painting. 1968 Grant for
the investigation of light, time and space. 1969 Studied
electro-acoustics, sound and image. TV production.
1970 Stricken with boredom. 1971 Guest teacher for
experiments and videography. 1972 Open-air studio
(248 trees) 1973-'74 Built cabins. Experiences in time:
calendar, clock and score. 1975-'76 New enterprises
- flying and painting. 1977 Visited the Far East. 1978
Retrospective book and exhibition after ten years. 1979
Himalayan expedition. 1980 Photography and painting.
1981-'83 Publications and exhibitions. Book on the past
twenty years' work. 1983 Year off. 1984-'86 Guest
teaching posts. 1986 Visited Nepal. 1987 Teacher at
the State Academy in Amsterdam. 1989 Toured China.
1990 Took Polar route to Japan. Participated in "Art
meets science and spirituality" symposium.

One-man exhibitions
Solotentoonstellingen

J. van der Heyden.
The Hague, Haags Gemeente-
museum/Prentenkabinet,
18.03-24.04 1966 (cat./
folder (Prentenkabinet;
no. 11), 8 p., text an.
(J.L. Locher) ills.)

J.C.J. van der Heyden;
schilderingen en grafiek.
Eindhoven, Stedelijk van
Abbe-museum, 19.03-23.04
1967 (inv., poster, cat.,
text Lambert Tegenbosch,
ills.)
-exh. later in Groningen,
Groninger Museum.

J.C.J. van der Heyden.
Amsterdam, Collection d'Art,
06.02-25.02 1971
(bulletin, Collection d'Art,
vol. 2, no. 7, 4 p., ills.,
text Cor Blok)

J.C.J. van der Heyden-
Overzichtstentoonstelling.
The Hague, Haags Gemeentemuseum, 24.09-27.11 1977
(inv., cat., 136 p., ills.,
texts J.L. Locher, Cor Blok
and J.C.J. van der Heyden)

J.C.J. van der Heyden-
recent works. Eindhoven,
Stedelijk Van Abbemuseum,
11.09-11.10.1981 (inv./
postcard)

J.C.J. van der Heyden-
Overzichtstentoonstelling.
Eindhoven, Stedelijk Van
Abbemuseum, 13.03-24.04 1983
(inv./postcard, artist book,
124 p., ills., texts R.H.
Fuchs, Saskia Bos, Marianne
Brouwer, Marlies Levels,
J.L. Locher and J.C.J. van
der Heyden)

J.C.J. van der Heyden.
Amsterdam, Galerie Van
Gelder, 15.03-09.04 1986,
ext.19.04.1986 (inv.)

J.C.J. van der Heyden.
Amsterdam, Galerie Van
Gelder, 16.04-11.05 1988
(inv.)

J.C.J. van der Heyden.
Middelburg, De Vleeshal,
30.06-27.08 1989 (inv.,
text J.C.J. van der Heyden,
photomultiples)

J.C.J. van der Heyden-
Tentoonstelling.
Rotterdam, Museum Boymans-
van Beuningen, 15.12.1990-
03.02 1991 (inv., poster,
artist book, ills., texts
W. Crouwel, K .Schampers,
D. van Weelden, G. Thijs,
a.o.)

Publications by the artist
Publikaties door de kunstenaar

Verslag van de verhouding
kind van zijn tijd. in:
Kontrasten; 22 nederland-
se kunstenaars van nu.
The Hague, Haags Gemeente
museum, 1970. (text)

J.C.J. van der Heyden.
The Hague, Haags
Gemeentemuseum, 1977.
136 p., ills.
(artistbook/catalogue)

J.C.J. van der Heyden on
J.C.J. van der Heyden.
Dutch Art + Architecture
Today, no. 3,, may 1978,
p. 7-13. (7 artistpages,
with Hans Locher)

Himalaya. Utrecht,
Centraal Museum, 1981.
100 p., ills. (Centraal
Museum Utrecht Medede-
lingen; no. 32)
(artistbook)

Untitled text and photos
in: Documenta 7 Kassel.
Kassel, Diederichs Verlag
1982.
-vol. 1, p. 45-47, 439
-vol. 2, p. 148-149.

J.C.J. van der Heyden.
Eindhoven, Stedelijk Van
Abbemuseum, 1983. 124 p.,
ills. (artistbook/
catalogue)

J.C.J. van der Heyden-
Willem Sanders. Een
geschreven vraaggesprek.
Code, no. 3, febr. 1985,
p. 16-23., ills.
(written interview)

De musea worden binnen-
kort door de media over-
vleugeld. Metropolis M,
vol. 8, dec. 1987-jan.
1988, p. 51-52. (text)

Untitled contribution,
8 pages with ill. in
"l'Exposition imaginaire"
Ed. SDU, Den Haag, 1989.
p. 238 - 245.

Untitled contribution,
10 pages, with
illustrations in:
Facsimile (I).
Groningen,Stichting De
Zaak, 1988.
(artistspages)

Untitled text on
invitationcard and 2
photomultiples for
exhibition J.C.J. van der
Heyden. Middelburg, De
Vleeshal, 1989

Simultaneous, 1988,
artist print/postcard
Amsterdam, Galerie van
Gelder, 1990.

J.C.J. vander Heyden.
Rotterdam, Museum
Boymans-van Beuningen,
1990. ills. (artistbook/
catalogue)

Group exhibitions
Groepstentoonstellingen

Contour 1958.
Delft, Stedelijk Museum
Het Prinsenhof, 12.04–
27.05 1958 (cat.)

Première Biennale de Paris.
Paris, Musée d'Art moderne
de la Ville de Paris, 02.10–
25.10 1959 (cat.)

Kontrasten; 22 Nederlandse
kunstenaars van nu. The Hague,
Haags Gemeentemuseum, 12.09–
15.11.1970 (cat., texts J.L.
Locher, R.H. Fuchs, W. Beeren,
J.C.J. van der Heyden, ills.)

Elementary forms of
contemporary painting and
drawing in The Netherlands/
Elementarformen Zeitgenössi-
scher Malerei und Zeichenkunst
in den Niederlanden.
Amsterdam, Visual Arts Office
for Abroad, 1975–1979
-travelling exh., starting in
Bonn, Rheinisches Landesmuseum
23.05–21.06 1975, afterwards
in 10 other places in Europe
(cat., texts Klaus Honnef,
Hans Sizoo, ills., later also
published in French/Dutch
edition)

Instant fotografie. Amsterdam,
Stedelijk Museum, 04.12 1981–
17.01 1982 (cat., S.M.no.690,
text Els Barents, ills)

Momentbild;
Künstlerphotographie.
Hannover, Kestner-Gesellschaft
05.03–18.04 1982 (cat., texts
Carl Haenlein, Els Barents,
ills.)

Contemporary Art from The
Netherlands. Amsterdam,
Visual Arts Office for Abroad,
1982–1983
-travelling exh. starting in
Chicago, Museum of Contemporary Art, 26.03–06.06 1982,
afterwards Toronto, Ontario
Art Gallery, 10.07–22.08 1982,
Ames (Ohio), Brunnier Gallery,
30.04–11.06 1983, La Jolla
(Cal.) La Jolla Museum of Contemporary art, 19.08–09.10
1983 (cat., texts John
Hallmark-Neff, Gijs van Tuyl
and Marianne Brouwer, ills.)

Documenta 7.
Kassel, Documenta, 19.06–
28.09 1982 (cat., text J.C.J.
van der Heyden, ills.)

De Goddelijke Komedie.
Rotterdam, 't Venster,
09.09–12.10 1983 (cat.,
ills.)
-exh. later in Maastricht,
Bonnefantenmuseum

Cover/Doppelgänger.
Amsterdam, Aorta, 20.04–
18.05 1985 (publ.)

Geënt op Bosch: schilderijen
en sculpturen van hedendaagse
Nederlandse kunstenaars gebaseerd op het Drieluik van de
Zondvloed van Jeroen Bosch.
's-Hertogenbosch, Museum Het
Kruithuis, 17.11 1985–05.01
1986 (cat., ills)

Abstraits.
Dijon, Le Coin de Miroir/
Le Consortium, centre d'art
contemporain, 25.04–31.05
1986 (cat., ills).

Een Keuze/Un Choix;
KunstRai'86. Amsterdam,
KunstRai, 04.06–08.06 1986
(cat., ills)

Tableaux Abtraits.
Nice, Villa Arson/Centre
national d'art contemporain,
11.07–28.09 1986 (cat., ills.)

Contour; een momentopname van
de Nederlandse beeldende
kunst. Delft, Stedelijk Museum
Het Prinsenhof, 13.12 1986–
15.02 1987 (cat., ills.)

Century 87; kunst van nu
ontmoet Amsterdams verleden;
today's art face to face with
Amsterdam's past. Amsterdam,
Stichting Onafhankelijk
Kunsthistorisch onderzoek,
07.08–14.09 1987 (cat., ills).

Deshima'88–'89.
's-Hertogenbosch, Noordbra-
bants Museum, 05.03–04.04 1988
(cat., ills.)
-travelling exhibition in The
Netherlands and Japan.

Verzameling aan zee.
The Hague, Haags Gemeentemuseum, 02.07 1988–1991.

Beschreven ruimten.
Almere, Aleph/Stadhuis
Almere,16.10–20.11 1988 (cat.,
ills)

Facsimile I. Groningen,
Stichting De Zaak, 23.10–28.11
1988 (cat., ills.)

Armleder-Gudmundsson-Van der
Heyden-Strang-Villevoye-recent
work. Amsterdam, Galerie van
Gelder, 08.11–30.11 1988
(inv.)

Gran Pavese-the Flag Project;
50 artists-50 flags.
-international travelling
exhibition 1986, a.o. in
Antwerp, MUHKA and Venice
(cat., ills)

32 Portraits-Photography in
Art/32 portretten-Fotografie
in kunst. Amsterdam, KunstRai
'89, 24.05–28.05 1989 (cat.,
ills.)

Deshima '88–'89.
Tokyo, Tokyo Metropolitan
Museum, 18.09–04–10 1989
(cat., ills)
-travelling exhibition.

Vision and revision: recent
art from The Netherlands.
Framingham, The Danforth
Museum of Art, 06.10–31.12
1989 (cat., ills.)

Dutch Interiors.
Utrecht, Centraal Museum,
27.01–11.02 1990 (cat., ills.)
-travelling exhibition for
Japan.

The 18th international art
exhibition Japan/Tokyo
Biennial'90.Tokyo,
Metropolitan Museum,
23.04–07.05 1990 (cat., ills.)
-later in Kyoto, Kyoto
Municipal Art Museum
-the Dutch Interiors
exhibition was guest-exhibi-
tion during Tokyo Biennial'90.

Tussen beeldende kunst en
fotografie. Amsterdam, W139/
Warmoesstraat 139, 05.08–28.8
1990 (inv.)

Art meets science and
spirituality in a changing
economy. Amsterdam, Stedelijk
Museum, 08.09–28.10.1990
(publ.)

Selected bibliography
Beknopte bibliografie

Barents, Els. J.C.J. van der Heyden, en Inleiding in: Instant fotografie. Amsterdam, Stedelijk Museum, 1982.

Barents, Els. J.C.J. van der Heyden. in: Moment-bild–Künstlerphotographie Hannover, Kestner-Gesellschaft, 1982.

Besson, Christian. Tableaux abstraits. in: Tableaux abstraits. Nice,Villa Arson, 1986.

Besson, Christian. J.C.J. van der Heyden. Art Press, no. 105, sept. 1986.

Blok, Cor. Waarschuwing tegen het werk van J.C.J. van der Heyden. Bulletin Collection d'Art, vol. 2, no. 7, 6-25.02 1971.

Blok, Cor. Our inclination to associate works of art. in: J.C.J. van der Heyden. Eindhoven, Stedelijk Van Abbemuseum, 1983.

Bos, Saskia. Untitled. in: J.C.J. van der Heyden. Eindhoven, Stedelijk Van Abbemuseum, 1983.

Broos, Kees, en Flip Bool. J.C.J. van der Heyden Drukwerk. Museumjournaal, vol. 22, no. 5, oct. 1977, p. 209-214.

Brouwer, Marianne. Untitled. in: Contemporary Art from The Netherlands. Chicago, Museum of Contemporary Art, 1982.

Brouwer, Marianne. The analogy of the eye. in: J.C.J. van der Heyden. Eindhoven, Stedelijk Van Abbemuseum, 1983.

Burkom, Frans van. J.C.J. van der Heyden. in: Een kunstwerk.....en wat er aan voorafging. Amsterdam, Nederlandse Kunst Stichting, 1983.

Cohen, Janie. J.C.J. van der Heyden. in: Vision and revision: recent art from The Netherlands. Framingham, The Danforth Museum of Art, 1989.

Ex, Sjarel, en Els Hoek. J.C.J. van der Heyden. in: Geënt op Bosch. 's-Hertogenbosch, Museum Het Kruithuis, 1985.

Facsimile. Groningen, Stichting De Zaak, 1988. 2 vols. (Drukwerk De Zaak, no. 38/39).

Fuchs, R.H. J.C.J. van der Heyden-Verzameling. Openbaar Kunstbezit, no. 3, april 1972, p.211 a+b.

Fuchs, R.H. Dutch painting. London, Thames and Hudson, 1978.

Fuchs, R.H., en Mieke Rijnders. Aspecten van de Nederlandse kunstgeschiedenis 1390-1970. Weesp, Openbaar Kunstbezit/ Teleac, 1982

Garrel, Betty van. Duizend kunstwerken in Kassel. NRC-Handelsblad, 25.06 1982.

Gelder, Kees van. Een reis. Code, no. 5, june 1986, p. 16-17.

Hoek, Els. Registratie los van de vooropgezette ideeën; chaos en regelmaat bewijzen actualiteit van J.C.J. van der Heyden. De Volkskrant, 02.05 1988.

Honnef, Klaus. Untitled. in: Elementary forms of contemporary painting and drawing in The Netherlands. Amsterdam, Visual Arts Office for Abroad, 1975.

Jansen, Bert. Illusie en werkelijkheid bij J.C.J. van der Heyden. Financieel Dagblad, 02.05 1987.

Locher, J.L. J. van der Heyden. in: J. van der Heyden. The Hague, Haags Gemeentemuseum, 1966.

Locher, J.L. Survey. in: J.C.J. van der Heyden. Eindhoven, Stedelijk Van Abbemuseum, 1983.

Ratcliff, Carter. Report from Chicago: the anti-hierarchical Dutch. Art in America, vol. 70, no.8 sept. 1982, p. 45-49.

Schippers, K. J.C.J van der Heyden grijpt in; zeldzame tentoonstelling in Haags Gemeentemuseum. NRC-Handelsblad, 07.10 1977.

Straaten, Evert van. Keuze in kijken. Vrij Nederland, 22.10 1977.

Thijs, Geert. J.C.J. van der Heyden, and Interview 4 October 1989, Den Bosch, Holland. in: Art meets science and spirituality in a changing economy. 's-Gravenhage, SDU publishers, 1990. p. 164-167.

Tuyl, Gijs van. The triumph of colour; abstract and neo-abstract painting in Holland. Dutch Art + Architecture Today, no. 21, 1987, p. 2-8.

Van Abbemuseum Eindhoven; written by the staff of the museum. Haarlem, Uitg. Enschedé, 1982. (Dutch museums; vol IV).

Verhoeven, Cornelis. Elementen. De Tijd, 25.11.1977.

Vermeijden, Marianne. In het allergrootste zie ik het allerkleinste; gesprek met de schilder J.C.J. van der Heyden. NRC-Handelsblad, 27.7.1990.

Versluys, Rob, and Suzanna de Sitter. Another look; new angles on contemporary artists from Holland; contr. Anna Tilroe, Marja Bosma a.o. Amsterdam, Stichting Masaccio/Thomas Rap, 1990.

Weelden, Dirk van. Geestenbezwering. Code, no. 5, june 1986, p. 52-55.

Welling, Dolf. Het kunstwerk is de expositie zelf. Haagsche Courant, 04.10 1977.

Wesseling, Janneke. Van der Heyden onderzoekt waarneming. NRC-Handelsblad, 18.04 1983.

Wijers, Louwrien. J.C.J. van der Heyden. Financieel Dagblad, 19-21.08 1989

COLOFON/COLOPHON

Organisatie tentoonstelling en redactie catalogus/
Exhibition organized and catalogue edited by:
J.C.J. van der Heyden, Karel Schampers, Talitha Schoon

Vormgeving catalogus/Catalogue designed by:
J.C.J. van der Heyden

Voorbereiding kopij/Preparation copy:
Lisethe van der Doelen

Vertaling/Translation:
Ruth Koenig

Foto's/Photographs:
Frans de la Cousine p.16
Peter Cox p.13, 38, 44, 49, 76, 121
Hub. Hendrickx p.6
Maria van der Heyden p.57, 66, 67, 87
Pierre Houcmant p.17
Frans Kuit p.55
Gert Jan van Rooy p.77
Simon IJspeert p.19
andere pag./other pages
J.C.J. van der Heyden

Druk/Printing:
Lecturis b.v., Eindhoven

Kleurenlitho's/Colour Lithographs:
Daiichi Process PTE Ltd.

Oplage/Edition:
1750

Productiebegeleiding catalogus/Production assistance catalogue:
J.J. van Cappellen, Museum Boymans-van Beuningen

Uitgever/Publisher:
Museum Boymans-van Beuningen, Rotterdam

ISBN: 90-6918-071-5

© JCJ van der Heyden, de auteurs/the authors,
Museum Boymans van Beuningen Rotterdam.